カズキはクラスの太陽だ！

重度知的障害＋
自閉症児の
普通学級ライフ

平田江津子

ミツイパブリッシング

はじめに

「障害者」の文字をどう表すかで、さまざまな考え方がある。

私は、あえて「障害者」と、このままの漢字で表現している。それは、「社会のさまざまな〝壁〟が障害となって、生きにくさを感じている者」と捉えているから。

「マジョリティ特権」という言葉をご存じだろうか。

目的地に行くとき、段差やトイレの広さなどを心配せずに行ける「特権」。望む「結婚」が、法的に保証される「特権」。自分の人種やルーツが原因の「壁」を感じたことがない「特権」……。私が付け加えたくなったのは、「居住地の小・中学校への入学にあたり、学校から拒まれたりしない『特権』」というものだ。

それらの「特権」の恩恵を、苦労や努力をせずに自動的に受けている人がこの構造を自覚しない限り、「普通学級に入れたいなんて、親のエゴ。先生や友達に迷惑をかける」「障害児がクラスにいると、まわりの子の学習権が保障されない」などといったSNSへの書き込みは、今後もやまないだろう。

しかし、そんな特権の自覚をうながさなくても、マジョリティとマイノリティの間の〝壁〟を取り払う方法がある。それは、子どもの持つ可能性を信じる大人の立ち会いのもと、幼少期から「すべての子どもが、いっしょに過ごすこと」だ。

「カズがいるから周りも仲良くなってクラスがまとまっていった。カズはクラスの太陽で、僕たちを照らしてくれた」

これは、息子・カズキの友だちの谷口莉乙《りお》さんが、中学卒業後に語ったセリフだ。身体的・知的・情緒的な障害、ＬＧＢＴＱ、貧困、国籍等を問わず、この社会で暮らすすべての子どもたちを、分け隔てしないことが肝心だ。そうした体験を積み重ねる日常の中で、子どもたちに「多種多様な人が隣にいるのはあたりまえ」という感性と思考が育まれる。集団からはみ出してしまう子どもとも、いっしょに遊び、学び、活動をする工夫やアイデアをみんなで出し合うことが「あたりまえ」になる。

今の普通学級の「あたりまえ」を、〝ちょっとだけ〟変化させることで、誰一人取り残さない教室、そして誰一人取り残さない感性と価値を持つ子どもたちが育つ。

本書は、そんな確信と学びを得た、息子・カズキのドキュメンタリーである。

目次

2章　普通学級へ！・・・・49

マンガ：平田江津子

1章　地域の学校へ！

「できることをやるしかないね！」

息子・カズキは重度の知的障害を伴う自閉症だ。自閉症の特徴を調べてみると、周囲とのコミュニケーション困難、言語発達の遅れ、興味の対象が限定的、動作の反復性、強いこだわりを示す、変化が苦手……など。ほかにもたくさんの項目がある。「二つ当てはまれば自閉症の疑い」とされるが、カズキの場合は当てはまらないものが二つくらいしかない、というほどの、コテコテの自閉君だ。

たとえば、小学三年生ごろのカズキは、好きな形に折り紙を折ってそれを眺めたり、ジムボールに乗りながら特定の音楽をイヤホンで繰り返し聴くことが日常だった。テレビはもっぱら「トムとジェリー」の倍速鑑賞。また、親の目を盗むのは天才的で、思い出してもイラッとするのは「掃除機事件」だ。カズキが二階の階段からガタガタと掃除機を落とし、壊れたため新しく購入した数日後、その新品の掃除機を水のはったバスタブにザブーン！　と投入したのだ（その掃除機は幸い現役で作動している）。そのころはまだまだ何をしでかすかわからないため、うっかり昼寝などできなかった。

そんなカズキは、二〇〇四年一一月二〇日、元気な産声をあげた。妊娠中はトラブルもなく安産。初めて対面したとき、大きな目が輝きを放ち、まるで後光がさしているかのようなキラキラした赤ちゃんで、抱っこして離したくないといった気持ちにさせた。ほかの子にはなかった（笑）あの感覚は、今でも不思議に思う。

一人遊びが上手で泣くことも少なく、親の手をわずらわせない、育てやすい赤ちゃんだった。しかし歩き始めるのと同時に目が離せない多動児となった。私にくっついて離れない四歳の長女、生まれて間もない次女を脇に抱えながら、一歩外に出ると必ず手をつないでいないと道路に飛び出してしまうようなカズキを追いかけまわす……目が回るほどの育児奮闘ライフだった。

それに加え、話しかけても反応が薄く、表情も乏しく、発語もないことで意思疎通がほとんど出来なかったカズキに対し、もしかしたら……という不安を抱え始めた。市で行う乳幼児健診で再検査を受けるように言われ、地元の医科大学でありとあらゆる検査をしてもらった結果、「今回の検査では身体的異常はありません。息子さんは小児自閉性障害です」という医師の診断だった。

覚悟はしてはいたものの、「頭が真っ白になる」といった感覚は、今でも頭に焼き付いている。あのとき私が抱えた不安やショックは、どこから来たのか。それは、自閉症児者をまったく知らないこと、そして、彼らが差別の対象者であることに薄々気が付いていたからではないだろうか。

あのときの私を救ったのは「とにかくできることをやるしかないね！」と前向きな言葉をかけてくれた夫だ。人は安心感で歩み出せるものなんだと私は身をもって知った。

病院へ行こうと決めた出来事

集団の中で学び合う

息子のカズキが二歳半で「自閉症」と診断された頃。自閉症ってなんなのか、これからどうなっていくのか、どんな治療や教育が必要なのか……まったく知識がなかったため、すがる思いで医師や行政機関のアドバイスに従う……そんな感じだった。医師から、早期による療育（治療教育の略）を受けるといいと言われ、市で行われている「ことばの教室」を紹介され、週に一度通うことになった。

そこには、カズキのように発達の遅れを指摘されたであろう子どもとその親が集まっていた。朝の会から始まり、絵本の読み聞かせ、手遊び、ダンスなどのカリキュラムが用意されていたがカズキは何一つ参加せず、つらそうに耳ふさぎをして、泣いて帰りたがるか、走り回っているだけ。まだ乳幼児の下の子を抱えながらカズキとそこに通った日々は、「しんどかった……」という思いしか残っていない。

並行して、言語や作業療法といった訓練も始まった。児童デイサービス（発達段階に応じた、日常生活・集団適応訓練を行うことを目的とした事業所）にも、月一〇日通い始めた。何か与えなくては……訓練しなくては……できることを増やさなくては……という焦りでいっぱいだったことが、自分の記録からひしひしと伝わってくる。

そんな中でも、ありがたいご縁だったのが当時長女の通う幼稚園の園長先生だ。カズキを見た園長先生は「このような子どもは、一刻も早く集団に入れ、いろいろな刺激を受けた方がいい」とおっしゃり、週に三回、年少に満たない障害児を、しかも無償で預かってくださるという。数か月間という短い期間だったが、この年齢で地域の多くの子どもたちと触れ合えたカズキ。親のことまで心身ともに支えてくださったこの幼稚園と園長先生のことを振り返ると、今でも感謝で胸が熱くなる。

幼稚園入園の季節。カズキのような子どもは、専門性を持った保育士による早期療育を受けられるという「知的障害児通園施設」（特別支援学校の幼稚園バージョン）に通うことが幸せといった空気が流れるなか、当然のごとくに入園することになる。

上記のことは、たった半年の期間であることに改めて驚く。あっちの訓練、こっちの療育と連れまわし、思い返すと、親の必死な想いがカズキをギュウギュウに縛り付け、明らかに負担を強いていたように思う。私のこの「必死感」は「誰のため」であったのか、と胸が痛む。「しゃべれない」「できない」そんな彼を変えたい……要するに、カズキ（あえて障害者）を健常者に近づけたいがために必死だったのだ。

そして、記録を見るうち、共通するひとつの点に私たち夫婦は注目した。それは、家では決してやらないことを、デイサービスや幼稚園などの集団の中では「やっている」ということだ。カズキを十数年見てきて痛感するのは、「子ども同士の育ち合い」の大切さだ。子どもは集団の中で、交わされる会話、遊び方などからたくさん吸収し合い、ケンカや仲直りを繰り返しながら、いろんな特徴や個性の友達を受け入れ合い、そこから友達との距離感や社会性も学ぶ。

今の自分が思うことは、カズキには障害のない子と同様の、当たり前の生活をおくる権利があるのだから、そのために力を注ぐことが、親の役割ではなかったかと。そう気づくと、カズキに対し、親としてその役割をその時期に果たす事が出来なかった、そんな後悔の念が沸く。

家でよく起こる事件

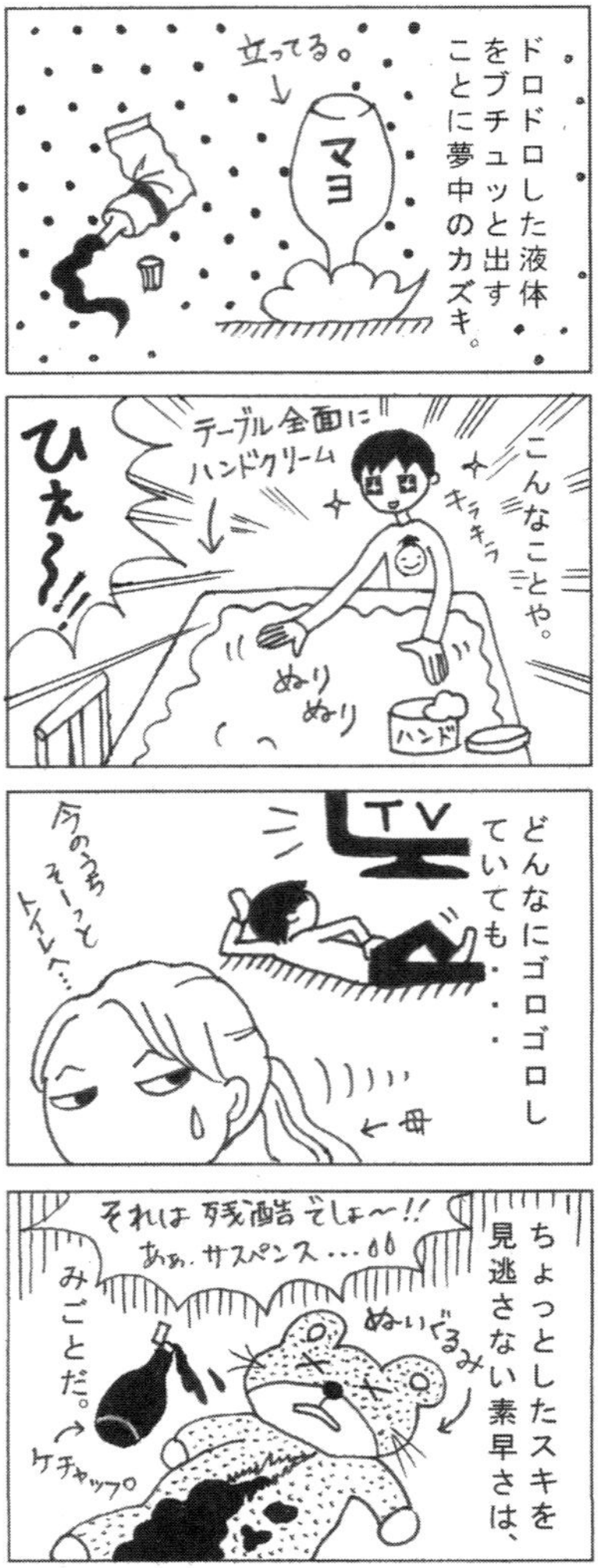

ドロドロした液体をブチュッと出すことに夢中のカズキ。
立ってる。
マヨ
こんなことや。
テーブル全面にハンドクリーム
ひえ～!!
キラキラ
ぬりぬり
ハンド
どんなにゴロゴロしていても・・・
TV
今のうちそーっとトイレへ…
←母
ちょっとしたスキを見逃さない素早さは、
みごとだ。
それは残酷でしょ～!!
あぁ、サスペンス…
ぬいぐるみ
ケチャップ

運命の分かれ道

二歳半で自閉症と診断されたカズキは、市で行う「ことばの教室」や「知的障害児通園施設」に通うように医者や行政機関にかかわる方たちから言われた。自閉症に関する知識がまったくなかった私たち夫婦はどうしたらよいのかわからず、すがる思いでそれに従ってきた。

カズキは三歳から障害児通園施設へ通った。この施設の中で一、二位を争う「手のかかる子」・カズキの就学先は、特別支援学校しか頭になかった。医者はもちろん先生方からも、そのうながししかなかったので、なおさらだった。

そんなある日、自閉症児者親の会の方から「一年間だけでも、地域の幼稚園を併用してみるのもいい経験になるよ」とすすめられた。当時、カズキは人に興味を示さず、一人遊びに没頭するタイプだっただけに、正直気が進まなかったが、週に半分、地域の幼稚園を併用することにした。

ここが運命の分かれ道となった。

併用が始まって間もなく、それまで自分の意思を伝えようとするそぶりもなかったカズキが、通園施設へ行く日は駄々をこね、地域の幼稚園へ行く日はニコニコしながら、今までしなかった身支度まで始める始末。

明らかにカズキは地域の幼稚園に行きたがっている……!?

またある日、幼稚園の先生がうれしそうに一枚の写真を見せてくれた。かわいい女の子たち数名に囲まれて膝枕をしてもらい、ニヤけ顔のカズキが写っていた。人に興味を示さなかったカズキが、明らかに楽しそうだ……!?

幼稚園という空間に、理想的な世界を見た。子どもたちには差別偏見などなく、そのままのカズキを受け入れ、いっしょにいる。ダメなことはダメと伝え、言葉が通じないと思えば、先生をまねてジェスチャーで伝える子もいる。お遊戯《ゆうぎ》会での舞台上で、カズキがみんなと全然違う動きをしてもまわりの子はまったく気にせず、ときに手助けしてくれる子もいた。

「これが、いいんじゃない!?」

小さなころから健常児と障害児がいっしょに過ごすことで、今とは違った社会がつくられる気がしてきた。特に障害を持つ子に対して、その子の「できない」に焦点を絞り、それを克服させようと、別室での個別指導に躍起になる風潮が漂う日本。私たちは、そのように能力や学力を伸ばすことと同じくらい、障害を持つ子も持たない子も「みんないっしょにいる」ことが当たり前で自然な形になることに価値を感じた。それこそが、インクルーシブな社会への第一歩になるだろう、と思ったからだ。

　行政や学識ある専門家たちの反対を押し切り、地域の学校へと就学先を決めた私たち夫婦だった。そして、ちょっぴり不安を抱えながらも、すっきりとした気持ちで入学式を迎えた。

社会デビュー

コッテコテの自閉症の息子・カズキ
この頃はかわいかった〜
言葉もなく、こだわりも強い。それに人と関わろうとしないので
心配だったが
年長の一年間だけ地域の幼稚園で社会デビューを試みた。
何か月かたったある日、先生が・・・
お母さん、この写真を見てください♡カズ君毎日楽しく過ごしていますよ！
美少女〜
友だちの力のスゴさを感じたのだった。
なんか腹立つ…

初めてのおかわりジャンケン

先生から学校生活の出来事の報告をうかがうことがある。例えば残った給食の〝争奪じゃんけん〟のときも、カズキがフライを好きなのをわかっている子が誘ってくれたことをうかがった。交流先の普通学級の子どもたちが、カズキをよく気にしてくれていることを感じていた。

カズキが小学校三年生のときのこと。学校の様子が唯一わかる、担任の先生からの連絡帳を毎日楽しみに開いていたある日、こんな報告が書かれてあった。「今日、カズキ君がトイレで上級生から〝ヘンタイ！〟〝オカマ！〟などと罵られた、といったことが起きました。偶然トイレに居合わせたカズキ君と同じ交流学級（普通級のこと）の子どもたちが、担任に報告してくれたことで明らかになりました。カズキ君のために、トイレで上級生と闘ってくれた友達との絆を感じることができましたが、残念な出来事でした……」と。

カズキは、いきなり飛び跳ねだしたり、何を言っているかわからない独り言や、なぜそこに?!　っといった普通の子どもは食いつかないようなことに強くこだわったりする。そんな彼と会ったとき、その特徴を知らないと、誰もが驚くだろう。
その連絡帳を読んだすぐ後に、帰宅したカズキの姉（当時五年生）が、「今日ね、私が廊下を歩いているとカズキのクラスの子たちがドドド～っと私に走り寄って来て『今日カズ君ね、トイレで上級生から悪口言われたんだよ！　許せない！』とか『カズ君がバカとか言われていたのを、オレ聞いたもん！』って、口々に報告してくれたの。悔しがって、腹を立てているみんなの気持ちがうれしくて、ありがとうってお礼を言ったよ」と話してくれた。カズキのクラスのお友達へのうれしい気持ちはもちろん、障害児を弟に持つ姉の心の葛藤をずっと見守ってきた私には、そのセリフには成長が見られ、感慨深く、そしてこの一連の出来事に心がぽっかぽかになった。

その数日後に参観日があり、クラスの多くのお母さんたちに、この「トイレで悪口事件」の報告と、お子さんたちに助けてもらったお礼を伝えることができた。また、それに付け加え、私は「入学前、息子は市教委から特別支援学校へ行くようにとの判定が出たので、就学先を迷いました。しかし今回の出来事を通して、やはりこの小学校に来てみんなと過ごす時間を多くとってもらうよう先生たちにお願いしてきて、心から良かったと思いました。出来るだけ幼少の頃から長い時間、みんなと同じ空気を吸うことが、お互いに理解を深め、仲間意識を育てるものだと信じてきました が、その通りでした」と伝えた。

その懇談後、数名のお母さんが近寄ってきて、「周りの子どもの心を育ててくれているカズ君、どんどん普通学級に来てほしい」「カズ君ママが、みんなの前であのような話しをしてくれることがとてもうれしい。カズ君は、世の中にはいろんな子どもがいることを学ぶ機会を作ってくれている」……などなど、たくさんのあたたかい言葉をかけてくれた。お母さんたちは、「私もわが子もカズ君の応援団なんだよ！」という心を伝えられる日を、ずっと待っていてくれたのかもしれない。

もう一つうれしいことがあった。私たち夫婦は入学当時から、カズキの障害理解のために、できるだけ多くの生徒が集まる場面で話をさせてほしい、と学校にお願いしてきた。それが、今回の出来事をきっかけに、その願いが叶うことになったのだ。

初めてのおかわりジャンケン

それが、カズキ

カズキが小三のとき、同学年の道徳の授業にお邪魔した（三クラスあったので三回）。初めに先生が、「仲間とは何か？」とみんなに質問しながら、友達を「知る」ことの重要性を話した。そして「今日は特別ゲストのカズキくんのお母さんに登場してもらい、仲間の一人であるカズキくんについて知ってもらうために、お話をしていただきます」と紹介され、私はドキドキしながら教壇に立った。

カズキの障害が分かった頃のこと、こんな不思議な行動をするよ、などを手作りの四コマ漫画を使って伝えた。また、耳の聞こえ方（銭湯など響く場所が苦手）や嗅覚・舌の感覚（偏食である）がみんなと違うこと、そして目に見えないこと（会話、ルール、人の気持ちを察するなど）が特に苦手であることなど、感覚機能の特徴についての説明。そして、みんなが夢中になっていることを聞き出し、（ポケモン、妖怪ウォッチ、3DSなど、いろいろ飛び出してきました）カズキが夢中になっていること（水の流れを観る、長い棒を自分の目の前で倒す、など）と比較したりして、みんなと同じくワクワクはするが、「ツボ」がみんなと違うことを伝えた。

最後に、今までみんなと過ごしたこの三年間にあった、みんなのカズキへの接し方や、フォローしてくれたことなどを取り上げ、みんなにめぐりあえた喜びと感謝を伝えた。

子どもたちから、質問も出た。「カズくん、ときどき呪文のようにぶつぶつ言っているのはなぜですか？」「アンパンマンが好きだと言っていたけど、好きなキャラクターは何ですか？」……そんな質問に対し、他の子が「キャラクターを見てるんじゃなくて、まわりの風景を見てるかも？」「バイキンマンが回りながら飛んで行ったりするところを見てるんじゃない？」など、楽しい想像を広げて答えてくれていた。

「カズくんって、遊び方がおもしろい！」「僕には出来ない得意技を持っていてすごい！」「カズ君は、見た目ではわからない大変な思いをしているんだなと思った」という感想もあった。

支援学級在籍であるにもかかわらず、「カズキをよく知っているよ」という目で私を見つめてくれた、一〇〇人の子どもたち。「理解しよう」という意識以前に、「それがカズキ」と軽やかに受け入れることができるのは、柔軟性あふれる子ども時代だからこそ。普通学級で多くの時間を過ごせたことに、心からよかったと思った。

こりずによろしく…

教科書忘れた〜〜〜
先生
カズ君、見せてあげたら？
無視・・・・
しばらくたって
意志表示カード
図書室
図書室に行きたいのね。じゃ、行こうか。
コレにこりず、今後ともよろしく・・・
バサッ
ポイ

小六の修学旅行

小学六年生の一大イベント、修学旅行。行程の中には札幌のガトーキングダムでのプール、小樽水族館でのイルカショー、食事はバイキングと、特にカズキの好きなことが多かった。出発の一カ月ほど前から、カズキは先生が用意してくれた写真付きの行程表を家のボードに貼りつけ、いかにも楽しみであるといった表情で眺めていた。

いよいよ当日、母の失敗から始まる。体育館で出発式があり、みんなの列に入ってカズキが正座したそのとき、カズキのズボンのお尻の部分にカッパリと穴があいているのを母が発見！　ツイていないことにカラフルな模様の下着を着けており、かなり目立ってしまっていた。出発間際、さぁどうしよう⁉

私はカズキのお尻をさわりながら「ここ、穴が開いているので着替えます」と伝えると、カズキの表情がこわばり、ウロウロと動き出してしまった。もうみんなはバスに乗り込もうといった状態で、乗り物に乗るのが大好きなカズキがバスに乗るのを拒むほどの混乱ぶりだったが、先生がうまくうながしてくれ、なんとか出発できた。あんなに楽しみにしていた旅行の出発からハプニングを起こしてしまった。カズキと先生へのお詫びの気持ちをかなり引きずり、食事も喉をとおらなかった。

（……ことはなかったが。笑）

次の日の夕方、帰ってきたカズキの元気な表情に、ホッと胸をなでおろした。先生から、全行程みんなといっしょに参加できたと報告を受け、そして「ほとんど周りの子どもたちに任せたので、私、かなり楽をしました」という言葉に驚いた。食事のとき、「デザートは後で食べるんだよ」と教えてくれた友達。おかわりを手伝ってくれた友達。先生は付き添わなかった寝室で、興奮してなかなか寝付けなかったカズキに寝るまで付き合ってくれ、さらに朝、歯磨きや着替えもいっしょに済ませてくれたという。いっしょに過ごしたことがなければ、このようなかかわりは出来るものではない。

「いっしょの時間を共有するのは当たり前」。これを前提とすることによって「～をやれば（手伝えば、補えば）、いっしょにできるかも」といった工夫やアイデアが自然に生まれてくる。それが障害児の人権を尊重する本質的な「配慮」であり、また障害だけでなく、多様な価値を包摂する共生社会実現のカギになる。

どんなに障害が重くても、それを叶えることが実現される社会になってほしいとつくづく思う。「それぞれの年代の、その時期、その時間にしか味わえない同世代の友達とのかかわりや体験」は、後から与えることは決してできないからだ。

ちなみに「ズボンの穴」について、バスに乗ってからは気にする様子はなくなり、ホテルで着替えができたということだ。（ホッ。）

お友達、そして先生方、本当にありがとう！　きっとカズキも、みんなといっしょの思い出を作れたのではないかと思っている。

就学相談と入学指定通知

毎年八月ごろになると、発達が定型でないと疑われる子どものみが受ける、就学相談が始まる。就学相談とは、相談員（主に特別支援学校教員）が子どもとその保護者の面接を行い、子どもの障害の状態を把握し、本人・保護者の意向も含め、就学先を総合的に判断するためのもの。簡単に言えば、就学先を地域の学校の普通学級、特別支援学級、特別支援学校のどれかに振り分けるためのものだ。

一般的には「重い障害を持っている」とされるカズキ。最終決定を下す教育委員会から届く就学先決定通知には、「特別支援学校」と書かれているであろうことは、相談を受ける前から予想できることだった。そして就学相談の結果がそのように出たときには、小学校就学のときと同じように、教育委員会に異議申し立てに行き、まわりの子どもと同じ地域の中学校を希望する旨を伝えるつもりでいた。

「なぜ、地域の小学校（中学校）に行くの？　なぜそこにこだわるの？」と聞かれることがある。そう聞きたくなる気持ちはわかるし、悪気はないのはわかる。しかし、その質問自体、「普通」の子どもに対しては決して投げかけないものだ。だから、障害を持っているという理由で「特別」な扱いをされているような気持ちになり、心にピリッと痛みが走る。
「就学相談」も、そう聞かれたときと似たような気持ちになる。普通の子どもは、住んでいる校区の学校への入学指定通知が自動的に郵送されるのが当たり前。しかし、就学相談を受けた子どもには、同じ通知は届かない。これは、当事者やその親にしたら、なんとも言えず寂しいものなのだ。

障害の有無にかかわらず、すべての子どもに居住地の学校の入学指定通知が届き、そこに「特別支援学級や特別支援学校も選択できますので、申し出てください」という一文が入っている、といった形だったらいいのになぁと思う。ある保護者も「うちの子の就学先は特別支援学校しか考えていないけど、それにしても、入学指定通知くらいは、みんなと同じく地域の学校への案内があってもいいよね……」とこぼしていたのを思い出す。

カズキはこの地域で生まれ育ち、ほかの子同様の命と権利を持つ子どもだ。カズキの場合は、たまたま生まれ持った特徴から、地域の方のみならず、多くの方々の理解と援助がないと生きていくのが難しい。だから、親の願いとしては、カズキには周りに「手を貸してほしい」と伝えられるようになること、そして自己決定や選択ができること、社会（学校）でのルールを学ぶことなど、これから社会生活を営むための「自立」と「生きる力」を培ってもらいたいと思っている。そのためには「地域の学校の普通学級」が最適な訓練場所（実際の体験でのみ育まれる、経験、価値、能力を習得する場所）であると私たち夫婦は受け止めている。だから地域の学校、そして小学校では特別支援学級にいながらも、できるだけ多くの時間を普通学級で過ごさせてほしいと願い、学校にもお願いしてきた。

小学校最後の学習発表会

小学校六年生の秋、カズキにとって小学校最後の学習発表会が行われたときのこと。学年全員約一〇〇人による劇の発表で、生徒の気合いが感じられ、レベルの高い内容、演出、また個々の表現力に圧倒される場面も多々あり、さすが最上級生！といった発表だった。

カズキの障害の特徴から、言葉を発することが大の苦手だ。今回の劇ではセリフの代わりに、メロディーに合わせて紙芝居のように色画用紙を次々にめくる役割が与えられた。舞台の上での待ち時間が長かったにもかかわらず、キョロキョロしながらもしっかり一人で座って待ち、出番が近づいてくると自分からきちんと立ち上がった。色画用紙をめくるタイミングは先生が黒子で指示している様子だったが、劇の中ではカズキなりの役割を十分に果たしていた。カズキは緊張している様子ではあったが、誇らしげであるように見えた。

何日も練習を積み重ね、みんなでいっしょに一つの作品を作り上げた達成感を、カズキもみんなと同じように感じているのではないかと思えた。

クラスの先生や友だちが、カズキが「みんなといっしょに取り組む」ことを前提にしたことで、カズキの役割を「これなら出来るかも……」と考え、見つけてくれたのだろうと思う。その実践は、まさしく障害者権利条約の理念である、障害の有無にかかわらず「その人」が「その場」で、みんなと共に生きるための、周りの人々による「変更・調整」であると感じた。

そして、この発表会を見に来てくれた児童デイサービスの先生が、「カズキ、すごいね！　ウロウロ動き出したり、声を出したりするかと思っていました」と驚いていた。普段、デイサービスでは見られないカズキの姿がそこにあったのだろう。その先生の言葉から、まわりとの調和を生み出すために自分はどのよう振る舞えばよいか、ということを、普段からカズキ自身が学んでいるのだろうと思った。これは、学校でのみんなと同じ空間、時間を共有する環境で過ごしているからこそ、得ることのできる学びだろう。

今まで多くの教育・医療・福祉関係者から、「わからない授業をカズキくん（障害児）に受けさせるのはかわいそうだから、授業の場所は分けた方がいい」といった言葉を幾度となく聞いてきた。本当の意味で「かわいそう」なのは、カズキが、健常児に近づくことでしか認めてもらえないこと、また普通学級（一般社会）において、彼の特徴や個性、そしてカズキなりの「学び」を認めてもらえないことではないだろうか。それは、社会や学校の求める「学び」ではないかもしれないし、友達と同じ「学び」ではないかもしれない。でもカズキなりの学びはたくさんあると、多くの時間をみんなと共に過ごした六年間の小学校生活を通して、確信している。

言えばいいと思ってない？

我が家で食事中。
ぶっ
ごめんなさい。
最近この言葉が出るようになり、嬉しい限り。
一分後。
ぶっ
ごめんなさい。
…言えばいいと思ってない？

さすが、きょうだい、です

カズキの中学二年生の姉（以下：カズ姉）と小学四年生の妹（以下：カズ妹）から日頃、いろいろな学校生活の話を聞いているが、心を揺さぶられる話も多々ある。カズ姉のクラスには、特別支援学級に在籍している女子が二人いて、二人ともカズ姉の友人だ。特にそのうちの一人であるAさんは、中一の途中までは普通学級で過ごしており、カズ姉とは休日に一緒に遊ぶこともあるほど仲が良い。Aさんは支援学級に在籍してから、学校を休むことが多くなったという。カズ姉がAさんに「どうして学校に来ないの？」とメールで聞くと、「普通学級の人たちの視線が怖い。こっちを見てコソコソ笑う女子がいて、もうムリ」という返信が来た。確かにAさんが普通学級に学びに来たときに、クラスの人たちが「なんで来てんの？」と陰口をたたいているのをカズ姉は聞いたことがあるという。Aさんやカズ姉の仲間の一人であるBさんが「私、思うんだけどさ、悪口を言っているヤツラが悪いんじゃなくてAを区別する先生が悪いんじゃないの？　今まで通り普通学級に在籍していればこんなことにはならなかったでしょ？」と言ったらしい。その言葉にカズ姉は「この発言は神ってる！と思った。分けられたことで悲しい差別が生まれていることが他にもたくさんある」と、嘆いていた。

カズ妹のクラスにも、特別支援学級に通う子が四人いる。そのうちの一人であるT君のことを、H君が「障害者」と言ったことを聞いたカズ妹は、「Tは、障害者じゃないよ」と言った。するとH君は「特別支援学級に行っているのだから、障害者なんじゃないの？」と言い、カズ妹は「Tは、言葉の理解と国語が苦手なだけで、障害者ではないよ」と再び言い返した。H君はカズ妹に何も反論できなくなり、イライラしたのか「死ね」と言い放って行ってしまったという。それを見ていたカズ妹の友達が、「Hの方が障害者だよね？」と言っていた……そんな話であった。

カズ妹は、「障害者」と名付けられることで、向こう側へ隔てられる友達のことを「障害者じゃないよ」（＝自分たちと同じ）と言い返したのだ。

子どもは、年齢が幼ければ幼いほど、どんな子も受け入れられる柔軟性を持っている。だから、幼少期からみんなで学び過ごす経験が共生社会のカギとなる。そして娘たちの話を聞き、逆に子どもの柔軟性ゆえの恐ろしさを感じた。「違う教室に行く人たちは、自分たちとは違う人間なんだ。違う人間は、違う場所に行くのは当たり前なんだ」ということをインプットされるのも、偏見・差別心を植え付けられるのも早いとも言える。「分けることは、子どもたちに差別を教育しているのではないか」という前々からの危惧が、現実に起きていることを突き付けられた一件だった。

さすが、きょうだい、です

チャレンジ・ジャンプ

カズキが通う小学校では、「チャレンジ・ジャンプ」という長縄跳びの記録会がある。約四〇名のクラス全員で息を合わせ、何度跳べるかを学年で競うのだから、カズキにはもちろん、みんなにとってもレベルの高い挑戦だ。

先生から「カズキくん、みんなと練習頑張っていますよ」というお便りをいただいたとき、仲間に入れてくれることに対するうれしい気持ちと、カズキが跳べないせいでみんなに迷惑をかけてしまうのではないか、という不安が入り混じった気持ちになった。

記録会当日の先生からのお便りに、「記録会の結果、六年一組（カズキの所属する普通学級）が一位を取りました！　カズキくん、とってもがんばりましたよ！」という報告があり、目を疑った。この仲間に本当にカズキは存在していたのか!?と（笑）。

カズキを学校に迎えに行ったときに、クラスの子数名に、チャレンジ・ジャンプの記録会の様子を聞いてみた。返ってきたのは「カズ君、記録会の当日は引っかからずに跳べたんだよ！　カズ君が失敗しようがしまいが、オレたちが引っかかったら意味がないから、とにかくみんなで団結してがんばったもん！　めっちゃうれしかった！」など。カズキがいることを不満に思う子がいなかったかどうかをたずねると、「そんな雰囲気もなかったし、誰もそんなことを気にする人なんていないよ！」……そんなクラスメイトの言葉に、素直に感動した。

数日後、普通学級の担任との個人懇談があった。担任の先生は「みんなにとって、カズキ君がクラスの一員であることはもう当たり前になっているんです」という言葉と共に、クラスの様子をたくさん聞かせてくれた。調理実習のとき、カズキの班の子どもたちが、「カズ君が出来ることって何かな」と相談し合っていたこと。チャレンジ・ジャンプの当日、カズキがたくさん跳べたことにみんなで拍手喝采したこと。練習ではあまり跳べていなかったが、記録会の直前にいきなり跳べるようになったとも聞いた。先生は「修学旅行も学習発表会も、無理かな〜と不安だったこともありましたが、やってみると何とかなるものなんですね！　本当に、ゆっくりだし、みんなと同じくできないこともたくさんありますが、成長するものなのですねぇ」としみじみおっしゃっていた。カズキのことのみならず、まわりの生徒たちのやさしさや成長をも喜んでいる様子だった。

チャレンジ・ジャンプについて、「カズキの存在が、みんなに不安を与えるのではないか」などと心配したり、子どもたちの言葉に感動するのは、母である私が子ども時代に、障害のある子といっしょに過ごした体験をもたないゆえの感覚なのかもしれない、とハッとした。六年一組のみんなの感覚や感性に触れ、自分自身の持つ「差別性」を見せつけられた気持ちだった。

「みんないっしょが当たり前」という感覚は、幼いころから障害児が当たり前にまわりにいる環境の中でしか、培えないのかもしれない、と身を持って知った一件だった。

小学校の卒業式

普通の子どもに対しては決して表現しない言い方になるのだが、カズキは地域の中学校の「普通学級」に籍を置くことが決まった。

日本でも障害者権利条約批准に向けて、さまざまな法整備が整えられてきている。その一つとして、二〇一三年九月に学校教育法施行令が一部改正された影響も大きい。就学先決定のしくみとして、それまでは「就学基準に該当する障害のある子どもは特別支援学校に原則就学」とされていたが、改正後は、教育委員会が判断する前に、「本人・保護者の意見については、可能な限りその意見を最大限尊重しなければならない」とされたのだ。

しかしながら多くの自治体では、カズキのような発達障害が「重い」とされる子どもの多くは「特別支援学校」に自動的に振り分けられる。小学生のうちは地域の学校の「特別支援学級」に在籍していても、中学からは「特別支援学校」を希望する保護者が圧倒的に多いのが現状だ。そんななか、カズキは地域の学校、ましてや「普通学級」に籍を置くのだ。中学校の先生方は、カズキの入学をどのように感じているのか……正直不安な気持ちで、学校が始まる前の三月末、話し合いのため中学校に出向いた。校長先生は、私たちに「なぜ普通学級なのか？」などという質問はせず、「不安はいろいろあるが、まずはやってみましょう。何かあったらその都度話し合っていきましょう」とおっしゃった。今までは「○○だから無理」という返事しか聞いたことがなかったように思う。「やってみましょう」は、私のいちばん欲しかった言葉だった、と心からうれしく思った。

中学校は、小学校とは違って教科ごとに担任が変わる分、さまざまな先生との出会いがある。カズキの友だちを中心にアイデアを出し合い、そこにデイサービスや地域の方々の応援も加わって、共に学び育つ環境が出来上がっていきますようにと、決意を新たにした。

カズキの卒業式。みんなと同じ中学校の制服を身にまとい、隣の女の子にサポートしてもらいながら、上機嫌で体育館へ入場してきた。卒業証書授与式では、待つ場所、通路等すべて間違えずに、一人でステージに上がった姿は本当に立派だった。校長先生から卒業証書を片手でサッと受け取り、駆け足で舞台を降りると、通路で待つ親に証書を渡すはずが、カズキは私を素通りした。慌てて追いかけて証書をもらう珍場面に、あたたかな笑いが沸いた。ヒヤヒヤしつつも「カズキ、上出来だよ！

がんばったね！」と、カズキをサポートした子どもたち、先生、保護者の方々によるそんなエールを感じた。これは六年間、特別支援学級に在籍していながらも多くの時間を「ともに過ごす」ことで出来た雰囲気であり、何にも代え難い財産であると、カズキの親として誇りに思えた一日だった。

小学校時代を共に過ごした同学年一一六人が、ほぼそのまま同じ中学校へ進学する。建物、先生がすべて変わる中、カズキを知る子どもたちは、親にとって最高に心強い存在である。

卒業証書授与

卒業生入場。
パチパチ
パチパチ
隣の子がフォローしてくれています。
式の最中。
あらら～
厳粛なムードも、彼には、関係なしです。
卒業証書授与式
卒業証書授与。
一人でステージへ！
立ち位置も完璧！
いよいよ次が出番～
あ！奪い取った！
…まぁ、
すべて想定内です。

なぜ普通学級？

子どもの就学先の決定については、本人及び親の意向を最大限尊重することになっている。私たち夫婦はカズキに対する市教委からの「特別支援学校」という判定に対し、書類に「承諾しない」に「〇」をつけ、備考欄にその理由と「普通学級希望」と記入し手続きは終了した。

なぜ、普通学級なのか。それは、わたしたち親が死んだ後も、カズキがこの地域で暮らしていけるよう、みんなに支えてもらえる環境を作るためだ。そのためには幼いころから地域に生きて、多くの人たちから理解を得つつ、カズキ自身も地域の大人や友達から助けてもらう方法や学校社会のルール、コミュニケーション方法を学ばねばならない。そのような「生きる力」を培うためには、「地域の学校の普通学級」が最適な学びの場である。……という思いを市教委に伝えた。

市教委がカズキに「特別支援学校」の判定を出した理由は、国の施策として、学力の向上や自立、生きる力を身に付けるため、その子に合った学習を「多様な学びの場」において提供している。カズキのような重い障害児にとっては、特別支援学校が最適の場である、と判断したという説明だった。

この「『多様な学びの場』の提供」は、すべての人にとっての「生きやすさ」につながっているだろうか。そう思えない理由はたくさんあるが、その一つに、それは学校や社会において「障害を持っているのになぜ特別支援学校・学級へ行かないの？」といった「空気」を生み、障害者やその家族にとって「強烈な圧力」として襲いかかってくる。そして結果的に「地域の中で過ごしたい、共に学びたい、学ばせたい」という本人・保護者の希望をあきらめさせる素地となり、ますます地域で生きづらくなっていく……という負のスパイラルに陥ってしまっているのが現状であると感じている。つまり、「多様」といいながら、それは障害者にのみ与えられる差別的・分断的選択肢なのだから。

小学校時代を振り返って～本心を言えなかったころ

カズキを「地域の小学校へ」と希望した当時のことを思い出す。ＩＱは現在でも三歳児程度とされているカズキだ。当然、療育や医療、教育の専門家の多くには、「特別支援学校」への就学が適当であると判断される。

その当時、彼らのその視線や態度から醸《かも》し出される雰囲気、そして読まねばならないと思わされるその空気は重く、「地域で生きる」という、ごく当たり前の環境を求めることを否が応にも躊躇させられた。

そんな中、口が裂けても「普通学級を希望する」という本心を言えなかった私たち夫婦は、カズキの就学先を地域の小学校の特別支援学級に決めた。「本来ここに来るべき子ではないのに、無理難題を言う親」――周囲からそんなふうに思われているだろうと感じ、縮こまりながら生活をしていた。「ご迷惑をおかけします」と、深々と頭を下げることにより、必死に摩擦の回避を図っていたことにも今さらながら気付く。小学校時代に書いた文章を見返すと、そんな気持ちで書いてきたことを思い出す。

入学から数年、カズキの普通学級移籍を求め、学校側と対話を続けてきた。

私たち夫婦は「障害特性があろうとも、互いを理解し合い、共に生きる力を身につけるために、地域の子どもたちとごちゃまぜの環境で育ってほしい」という願いを伝え続けた。学校側は「できることを増やすには、別室での個別指導が良い。普通学級ではつらそうに過ごしているし、余裕がない周りの子どもたちの勉強の邪魔になるのはさけたい」という主張。

話し合いは平行線で、悶々とした時間を過ごした時代であった。しかしそんな中でも、いっしょにいる時間を増やすための工夫を親と共に考え、カズキの拠点を普通学級に変えたり、普通学級内で落ち着いて授業を受けるためのグッズを持ち込むなど、学校も折り合いをつけてくれた。

そんな小学校時代を経て、中学入学時にカズキは「普通学級」に籍を移した。思い通りにならなかった体験があったからこそ、ともに学ぶことが大事だという確信を深めることができたことにも、また気付く。

2章　普通学級へ！

中学校入学

カズキの中学校入学式。制服を着て登校、新しい校舎、初めての先生方、そして、なんといっても「特別支援学級籍」から「普通学級籍」になったことも、カズキにとっては六年間の小学校生活とは大きな違いだ。

自閉症の代表的な特徴は、「変化が苦手」であること。入学前、自宅で毎日確認するカズキ専用の予定表の「四月六日」の部分に、「中学校・入学式」と記しておいた。私はそれを指さし、「この日から中学校です」とカズキに制服を見せた。カズキはいっしょに日付を指さし、「中学校です。制服です」とつぶやいた。彼は気持ちを伝えることができない。そして私たちには、彼の表情から気持ちを読み取ることも難しい。カズキはこの大きな変化をいったいどんな気持ちで受け止めているのだろう、と私は思い戸惑いながらこの日を迎えた。

唯一変化がなくホッとできたのは、小学校で共に過ごした友だちがほぼ全員、式場にいることだ。カズキは見知ったみんなにサポートしてもらいながら、会場に入ってきた。厳粛なムードの中、カズキの独り言や靴をトントン鳴らす音が聞こえてきたが、誰もカズキに近寄る先生はいなかった。特別支援学級在籍のときは、カズキが落ち着かなくなったり声が出始めたりすると、特別支援の担任がそっと近付いて、別室へ移動することが多かった。この日、結局カズキは最後まで立ち上がらずに式を終えることができた。

教室に戻り、たくさんの連絡事項が伝えられ、プリントが配布されたが、カズキには相変わらず先生が付いていない。前の席の子から次々と流れてくるプリントを、カズキは後ろの子に渡さずにいたので、私は慌てて後ろの子にプリントを渡しに行き、その後カズキに何度かやらせてみたら、できるようになった。このような学校生活においての細かいルールや動きについて、今まではすべて先生がやってくれていたのだ、と改めて思った。

障害児が普通学級で過ごすには、多くのサポートが必要だ。しかしその状況こそが、カズキのさまざまなアンテナを発達させ、考える力を伸ばし、本来持っている力を発揮できるのではないか……と思う一方で、私自身は「カズキにアレもコレも教えないと、みんなといっしょに過ごせない！」と焦りや心配も膨らんでいた。

しかし、親が手を出しすぎると「共生」の場での「自立」は叶わないのだ、と私は自分に言い聞かせ、「先生やみんなに任せていこう！」と、覚悟を決めた。カズキにとっても、覚悟を決めた一日だったと思う。

心が明るくなります

担任・曽我部昌広先生のまなざし
～「普通」の生徒として

カズキにとって初挑戦である「普通学級」在籍ライフ。毎朝、一苦労だった制服着用も、徐々に上達してきた。教科書がギッシリ詰まった重たいカバンを背負い、片道二・五キロほどの道のりを徒歩で登校。初めの二週間は、中三の姉とその友人が学校の玄関で待っていてくれ、カズキを教室まで連れて行ってくれた。一月半もすると、カズキはさっさと靴を履き替え、ひとりで好きなところに寄り道しながら三階の自分の教室に入っていくようになったという。教室に入るとすぐに制服のジャケットを脱ぎ、ネクタイを外し、ワイシャツをズボンの外に出すというのが彼のルーティンだ。担任の曽我部先生は「昔の不良のようだ」と笑いながら、「でも、しっかりと関わり合えばわかり合えるから、カズキは大丈夫！」とおっしゃった。初めて「普通」の生徒として扱われたように感じ、目からウロコだった。しかも、カズキに無理強いしようとせずに、その格好で過ごすことを許してくれていた。

授業は、ずっと着席できている時間もあれば、途中で好きな場所へ行って好きなことをし、また教室に戻るときもあるらしい。先生方も様子を見ながら、基本的にはカズキのペースで過ごさせているようだ。カズキを一人にしても危険な行為はないことが先生方に理解され、休み時間は特に誰にも付き添われずに、体育館に行って独自のボール遊びに没頭したり、学校中を散策するなど自由に過ごし、授業時間になったら教室に戻っている。「毎日とても機嫌が良い」という担任からの報告も受けた。

カズキがのびのびとした学校生活を送っているように感じられるのは、幼稚園・小学校からずっと変わらない顔ぶれの生徒たちの存在がとても大きいように思う。整列に横入りするなど、カズキがルールを破ったときはきちんと注意をうながす子、移動教室のときに知恵を働かせてカズキを誘導する子、またカズキの独り言にも「うん、うん」と相槌を打ってくれる子もいるという。先生は「私がいなくても大丈夫なほど、みんなよくカズキとかかわってくれている」と驚いている。

友だちとの摩擦も発生する。友だちがカズキの行動に対して注意したとき、カズキがその友だちを叩いてしまったことがあった。しかし、あつれきも、人間関係の深化ととらえられるのではないか。よくよく考えてみると、大人の監視のない世界で友人関係を結ぶこと、また自由に行動することは、中学生にもなれば「当たり前」のこと。大人が「障害ありき」でカズキを見て、安全確保のため大人が付きっきりになれば、周りの生徒たちとカズキのかかわりは希薄になる。カズキ自身の「できる」という気持ちも阻害されるのは当然のことだ。

入学したての頃、「カズキにはできることがたくさんある」という曽我部先生と支援員さん方の言葉が印象的だった。先生方はカズキをよく観察し、好きなこと、癖、なぜそのような行動をするのかなど、日々研究に努めてくださっている。そうしたポジティブな視点にも、親としてたくさん学びがある。

カズ姉、怒(おこ)

今朝、カズキの教室を覗いた時のことなんだけど…
カズ姉
ただいまっ
カズキったら、腹立つんだよ〜
まったくも〜
朝、カズキの教室で…
ぐっちゃり
こら！ 机の上をキレイにしなさい！
カズ！聞いてる?!
無視
あの〜お姉さん、私が言ってもダメかもしれませんが、伝えてみますね。
あら、かわいい♡
カズ君、お片付けしましょうね♡
ガーン
さっさと

ボランティアさんたち

中学校が始まり、片道二・五キロを一人で無事登校できるのか、は親として不安があった。カズキに、家族以外のいろんな方と過ごす練習をさせたい、また地域の方にカズキの存在を知ってもらいたいという願いもあり、社会福祉協議会に登校付き添いボランティアを依頼したところ、主に地域の四人の方が引き受けてくださった。一カ月後、カズキの登校の様子や出来事をみんなで共有しましょうと、社会福祉協議会主催で「ボランティア・カフェ」が開かれ、四人のボランティアさんがそれぞれに楽しく報告してくださった。

登校中の注意点として、ホースを見つけると水を出して遊んでしまうこと、川に大きな石を投げ続けること、ハマナスの枝に棒や石を投げつけること（おそらく、枝のトゲが刺さった体験があるのだろう）。そのポイントにカズキが近寄ろうとすると、そっとカズキと腕を組んで離れさせてくれる人、前もってしてはいけないことを言葉で伝えて納得させる人、ポイントの場所を身体で隠し、危険のない遊びであればしばらく付き合ってくれる人……かかわり方はそれぞれだが、カズキはどの人の対応も、受け入れているようだ。

ほかにも「カズキ君は、私たちを困らせないようにちゃんと気を遣っている」「登校中、近所の人が結構声をかけてくれる。いろんな人がカズキ君と登校をしている姿を、近所の人が注目しているように思う。それもカズキ君への理解の輪を広げているように感じる」、また「子どもの頃からいろんな大人や子どもたちと接して、関係を築く経験はとても大切。大人になってからそれを始めるのではお互いに難しいのではないか」など、深い洞察にもとづくお話をたくさんしてくださった。

このボランティアを始めて考え方が変わった、という方もいた。「今までは、障害を持っているなんて大変なこと！　と思っていたが、カズキ君のたくましさに触れ、障害が重くても他人の協力で生きていけるのだ、と元気をもらっている。登校の付き添いをしていることを知人に話したとき、その知人が、『きょうだいがいっしょに行けばいいのに』と言った。それに対し、『きょうだいにはきょうだいの人生があり、カズキ君のお世話のために費やすのは違う。きょうだいにも、周りの友達と同じく自分の人生を歩む権利がある。親はそれを考えてあげることが大切だし、社会の目もそのように変わっていかないといけない』と伝えられる私に変わった」ということだった。みなさんが、私たち親の思いをしっかりと受け止めつつ、カズキを知ろう、理解しようとかかわってくださっていることがありがたくて、涙がにじんだ。

学校の先生や友だちも含め、地域の方たちがカズキをよく知ってくださり、共にかかわり、育ててくださることは、私たち家族にとってはとても心強いことなのだ。

意外とやさしいかも？

居場所と成長

中学生になって初めての長い夏休みが明けた二学期。夏休みは、釧路市の母の実家にカズキの同世代のいとこたちが集まる。赤ちゃんの頃から年に二、三度集まってはごちゃまぜになって遊んでいるので、それもまたカズキにとっては楽しみな時間だったように見えた。

登校初日は調子が戻らなかったが、数日経つとカズキはまた機嫌がよくなり、ますます成長を見せていると担任から報告を受ける。

「体育での走り高跳び、1メートル飛びました！　周りの生徒はいつもの拍手をおくるどころか、驚いてポカーンとした顔をしていました」「ソフトボールの授業で、友だちの投げた球をバットで打ちました」「避難訓練のとき、列を乱すことなくみんなと体育館に移動し、独り言も静かでした」「社会の授業で、地図帳を見ながら『くしろ』『あさひかわ』と指を差して言っていました」「英語や国語の時間、文字やアルファベットを、なぞりがきではなく、見ながら真似して書くことができました」などがある。

担任と支援員さんも手応えを感じ、次は何をしようか、どう工夫してかかわろうかと、はりきってくださっていること、また先生同士が情報を共有し合っている様子がうかがえる。驚くことに、全教科、すべての時間、教室を出ることがなくなったという。担任は、「入学当時は教室を出ていくのはもちろん、教室の後ろに座り込んだり、授業中うろうろ歩き出したりしていたな〜」と、もはや、なつかしがっている。

また、カズキ自ら担任と肩を組んだり（家族にはしたことがない、というか先生と肩を組むとは……）、ジャージの入った袋を振り回して担任にぶつけ、みんなから「もっとやれー」と言われ、喜んでやり続ける、といった家族が見たことのない行動が始まっている。「人間関係を結ぶ楽しさ」も、カズキに芽生え始めているようだ。

クラスメイトのカズキへの対応も進化しているように見える。初めは、カズキとの付き合い方の加減がつかみにくく、過剰に注意したり世話したり、ということが多々あったようだが、今はカズキのできることと、できないことを把握し、困っているときだけ助けるといった雰囲気になっているという。

常にいっしょにいるからこそ、相手に必要な「手助け、配慮」の方法や、加減を身に付けているのだと感じる。

普通学級という地域の仲間と共に生き、自分の存在が認められ、居場所が確立することで高まる〝自尊心〟が、このところのカズキの成長のもとになっているような気がしてならない。

夏休み中のできごと

初めての学校祭

秋になり、初めての学校祭があった。カズキの出番は、クラス対抗による合唱コンクールと、学年ごとに披露する「よさこい」の踊りである。一カ月ほど前から、みんな朝早く登校して練習に励むが、もちろんカズキもみんなと同じように、朝練に参加した。合唱では、練習を重ねるごとに同じパートの仲間に入れるようになり、自分の立ち位置に着くことができるようにもなっていったという。

そして「よさこい」では、初めてのものを身に付けるのが苦手なカズキが、ハッピを着て鉢巻を巻き、嫌いな短パン姿になれるかどうか、まずはそこからの心配があった。しかし、練習のときもすべて着ることができ、自分で巻けない鉢巻は、友だちに自ら「やってほしい」そぶりで依頼して頭に巻いてもらい、問題なく練習ができたという。本番の前に、担任が撮影した「よさこい」の練習風景を見せてもらったところ、そこには目を疑うほどの踊りっぷりのカズキが映っていた。「ここまでできるなんて……！」と担任も私も驚いた。

いよいよ楽しみにしていた本番の日がやってきた。合唱コンクールでは、低い男性パートが歌っているときに耳をふさぐ場面があったが（低い音や声が苦手なのではないかと推測している）、カズキは違う音程を響かせることなく、最後まで自分の位置に立っていることができた。また「よさこい」は、練習通り、懸命にみんなと動きを合わせ、最後のポーズもビシッとかっこよく決めていた。

発表のときのみならず、体育館やステージへの移動や着席など学校祭全体を通して、カズキは自らみんなに合わせて行動していた。できないときはクラスメイトがカズキの腕を引き、先生たちはほとんどカズキにかかわっていなかった。また、長時間にわたる合唱コンクールのあいだも会場は静けさに包まれ、カズキが不在ではないかと疑うほどだった。カズキはまわりの生徒や先生たちの支えとかかわりによって、大きな成長を遂げているなぁと感動した。

こんな場面もあった。「よさこい」の披露が始まる前、私が保護者たちと体育館で待機していることを知っていたカズキは、わざわざ3階の自分の教室から降りてきて、一人で体育館に飛び込んできた。そしていつも友だちに頼む鉢巻を、私に「頭に巻いてほしい」そぶりを見せ、渡してきたのだ。

全国的に、「子どもの障害を理由として、学校が保護者に対して「学校での付き添い」を求めるという問題がある。だがこの一件から、親の存在が、子ども同士の関係性づくりの壁になり、子ども同士のコミュニティにおける「社会性」が育まれないのではないかと身にしみて感じた。

障害が重いからこそ、普通学級がいい。子ども同士の関係性によって、本来持つ力を引き出すことにつながっていると、カズキが今、実証しているように感じる。

かかわりすぎないかかわり

中学一年生の冬休みが終わり、ボランティアさんの付き添いで久しぶりの登校。学校に近付くと、耳の敏感なカズキは後ろから来る担任の車両の音を聞き分け、しばらく後ろを振り返り、運転中の担任もカズキに気が付き、手を振り合う。そのあとカズキは足取り軽く校舎へと入っていった、という微笑ましい話をボランティアさんから聞いた。担任からの報告でも、とても機嫌がよく、授業もみんなと共に行儀よく静かに受けているとのことだった。

中学校から初めての「普通学級籍」。念願だったものの、不安も多かった。みんなといっしょに席を離れることなく授業を受けたり、移動教室では、授業道具を持って一人で行動するなど、こんなに早くに出来るようになるとは、当初は想像もしていなかった。みんなの行動を眼で確かめることで、静かにしなくてはならない場面や、今すべきことを一つ一つ学習していったのだと思う。カズキができることは見守り、困ったときは手伝う。そのような自然な距離感を持ってカズキとかかわるクラスの仲間をありがたく思う。

　調理実習でハンバーグを作った授業の様子を担任が話してくれた。野菜を刻んだりひき肉をこねたり、という作業をカズキもいっしょに取り組んだあとのこと。タネをハンバーグ状に丸めてフライパンに移すとき、床に落としてしまったら大変だと思った担任は、「カズキにはその作業はやらせない方が良いのでは？」と周りの子どもたちに聞いた。すると「カズキなら出来ると思うからやらせてみよう」と発言する子がいたので、カズキにやらせてみると、落とさずにきちんと出来たという。

担任は「大人がダメなんですね。危険だからとか失敗させまいと先回りして、子どもにやらせないことが多い。これは障害児に限ったことではなく、子どもの成長を妨げる行為。偏見のない子ども同士のかかわりで、ときに失敗しながら大きく成長していくんですね。大事なことを教えてくれる平田カズキ大先生ですね！」とおっしゃった。私も親として、勝手に「できないだろう」と決めつけてカズキに経験させないことが多いことを反省しつつ、ベテラン教師である担任の柔軟な心に感動した。

「おとなのかかわり過ぎないかかわり」が、子どもの成長をうながす、と聞いたことがある。今、普通学級に在籍するカズキは、学習内容以外は、ほとんどまわりの生徒と同じ条件で過ごしている。休み時間などは、カズキをお世話する大人（先生）

は不在であり、大人の監視のない子ども同士の時間を多く過ごし、一人で行きたいところへ行き、自由がある。カズキの大きな「成長」と「機嫌が良い」理由は、ここにあると、私は思っている。

どこにいるかわからない!?

中一の一年間を振り返って　～中学校の担任の先生から

新しい生徒たちとのすばらしい出会いが待っていた今年は、自分がこれまで当たり前に思っていたことを、改めて考えた一年でした。

障害（社会に障害があるという社会モデルの意味）があって、自分の気持ちをそのまま言葉にできないカズ。最初は「どんな気持ちなのか？」「どうしてそのような行動になるのか？」「何をしたら本人のためになるのか？」よくわかりませんでした。そんな一学期を手探りで過ごしながら、でも、毎日ふれ合う中で少しずつ理解することができるようになっていきました。体育祭やよさこい（学校祭）などの行事でも、一つ一つ小さなことを積み上げていくことで、みんなと同じようにできるようになっていく姿を見るうち、その子に合った方法をとれば、できることはたくさんあると思うようになりました。

よく考えてみると、これは誰に対しても言えることだと思います。ほかの生徒も、自分の気持ちをそのまま素直にすべて伝えている訳ではないし、逆に思春期特有のつい反抗してしまうこともあります。生徒を理解しようと、どうすればありのままのよさを生かせるだろうかと、一人ひとりと向き合って、話しかけたり、毎日の様子や変化を細かく気にしたり。今までいつも心がけてきたことと同じだと気付きました。

二学期になると、最初は嫌がっていたYシャツの裾《すそ》も自分でズボンに入れ、ネクタイもきちんとつけ、そして学級のみんなと一緒に笑い、行動するカズがいました。

毎日、自然にかかわっているクラスの生徒たちは、最初から特別扱いすることなく、仲間の一人として、できないことは手伝い、できることは自分でするように見守っていました。「みんながやさしい気持ちで、自分とは違う相手のことを理解し、認め合い、同じ場で共に過ごす。自分でしっかり考えて正しい行動をとる」。今までもずっと目指してきたクラスの理想の形に、これからも近付いていけたらと、改めて感じた一年でした。

（一年一組担任　曽我部昌広）

初出　旭川市立忠和中学校生徒会誌「白南風《しらはえ》」第二九号、二〇一七年。

一人一人の心を育てる

カズキ中二の、道徳の時間のこと。授業の終わりに、担任がカズキの学校以外での活動の様子の映像を流し、「カズキもこんなふうに頑張っているんだぞ」と、みんなに話してくれたそうだ。

その時、カズキはじーっとその映像を見つめた後、三回ほど「やめてください」とつぶやいた。担任はそのセリフを気にしつつ、「嫌がることはないと思うんだけどな」と私に話した。担任のその感想に、私も同感だった。みんなにカズキを理解してもらえるきっかけづくりをしてくださることを、嬉しく思った。

しかしその日の晩、カズキの放ったセリフがじわじわと気になり、「カズキの言葉は、本当の気持ちだったのかもしれない。何か、納得できない思いがあったのかも」という思いがわいてきた。

よくよく考えてみると「普通の子」になら、映像を流す前に「君の頑張る姿をみんなに見てもらいたいと思うが、よいか？」と本人の承諾を得るだろう。確かに、カズキの本心や、カズキがものごとをどこまで理解しているかを知るのはとても難しい。だからこそ、意識して、カズキにきちんと断ってから行動すること、それが、彼を「尊重する」ことではないか。私自身、今後の彼に対する態度を見直す良い機会となった。

障害児者を「囲って守る」よりも、「人権や尊厳を守る」心の芽生えを一人ひとりの中に育てていく。それこそが、相模原事件*のようなことを起こさないための唯一の解決法だろう、と私の中では確信めいたものがある。そしてその「心の芽生え」は、幼い頃から「いつもいっしょ」に過ごす中で育つものだと思っている。

＊　相模原事件
二〇一六年七月二六日、神奈川県相模原市の障害者施設「津久井やまゆり園」で一九人の障害者が殺され、二六人が重軽傷を負った事件。

3章　居場所

成長と、頼もしさと

カズキ、中学二年生の春。下駄箱の位置や教室が三階から一階に変わったり、またクラス変えと、いろいろなことが大幅に変わる中、担任と支援員が変わらなかったことは、変化が苦手なカズキにとってホッとしたことだろうと思う（親の私がいちばんホッとしたかも……）。場所を覚えるのが比較的得意なカズキは、教室への移動もスムーズで、さほど戸惑うことなく落ち着いて学校生活を送っているようだ。

参観日は数学の授業だった。カズキは満面の笑顔で私をチラチラ見ながら、授業に参加していた。しばらくたってから支援員がカズキのもとを訪れ、数字の書き取りのプリントを渡し、すぐに去って行った。ぶつぶつ独り言を言いながら課題に取り組んでいるカズキに、隣の生徒が手助けをしたり、「しー！」と注意していた。カズキが席を立ち、終えた課題を担任に提出したとき、担任はそのプリントをみんなに見せながら「カズキはしっかりと丁寧に数字を書いていています。先生はこんなに几帳面には書けません」とカズキを褒めてくれた。授業が終わると、カズキは一人でトイレに行き、教室に戻ってくると勉強道具をカバンに入れ、帰る身支度を始めた。担任からも常に報告を受けている通り、自分のことは自分でできており、機嫌良く一人で悠々と行動している姿に、成長はもちろん頼もしさを感じた日だった。

医学的な判定では、カズキの障害の程度は「最重度」である。そのカズキが、普通学級でみんなと普通に過ごせているのはなぜなのか。それは、まず担任が、カズキと生徒を信頼し、過度な干渉をしていないことにカギがあるように感じる。いつもいっしょの空間で過ごしているからこそ、周りの子どもたちにも「障害児・カズキ」ではなく、「仲間・カズキ」という意識が生まれるのではないか、と担任も言う。その結果、カズキは「自分の居場所はここなんだ！」と感じ、自己肯定感・自尊心が高まってきているように思う。「ヤル気」や成長したいという欲求は、自己肯定感の高まりや自尊心の充足に比例して増大する。これは、障害の有無にかかわらず、みんな同じであるように思う。

ある日、前年度に同じクラスだった男子生徒二人と玄関で会った。私が「君たちがカズキのクラスにいなくて寂しいわ～」と言うと、二人は「僕らもカズキと離れて寂しいっす！　でも、三年生になったら同じクラスになれればいい、と思っていますから！」と言ってさわやかに立ち去っていった。

いっしょにいてこそ、芽生え育った関係性ではないだろうか。

カズキのやさしさ発見！

ある朝、担任が皆に昨日の出来事を話した時のこと
痛かった〜
・・・というわけで、左腕をぶつけてしまったのでした〜。
先生ー大丈夫ー!?
あはは
その時、すぐにカズキが担任に駆け寄り・・・
おっ、どうした？
トコトコ
うで、いたい、いたいね。
さすりさすり
おーっ
やさしいな〜おまえは〜
オレの話も理解できたかっ
翌日も、担任と顔を合わせるとすぐに
じーん…
モーレツに感動！
うで、いたい、いたい。
さすりさすり
カズキは担任の左腕をさすったらしい。

今だけの時間

中二になったカズキの体育祭が行われ、応援に行ってきた。去年のことを振り返ると、全員リレーの練習が始まった頃は、バトンを持つことすら嫌がっていた。しかし担任の工夫でバトンをさわることができるようになり、バトン受け渡しの練習にも、担任が時間をかけてかかわってくれた。綱引きも初めは立っているだけだったのが、練習を重ねて引っ張れるようになった。また整列しているとき、前の女子のジャージの上着をめくったり、女子の髪の毛にふーっと息を吹きかけて髪が揺れるのを楽しんだり……。そのようなドキッとするような出来事がありながら、担任やまわりの生徒にその都度対処してもらい、当日、みんなといっしょに参加することができた。カズキに対してあきらめなかった担任、周りの子どもたちの協力やアイデアのたまものであった。

あれから一年。今年の体育祭は、じんわりと感動を味わった。先生たちが、「遠くから」見守る中で、カズキはみんなといっしょにのびのびと競技に参加していた。並ぶ場所を間違えていれば、誰か彼かが必ず声をかけ、正しい場所へと連れて行ってくれる。複雑な動きのある競技でも、周りの生徒がカズキの腕を引き、背中を押してかかわっていて、先生が付き添う必要がないほどだった。

綱引きも懸命に綱を引く姿があり、カズキのクラスは全勝した。短距離走は、普段の逃げ足の速さをここで発揮することなく、のんびりゴールしたカズキだったが、先生や生徒たちは最後まで一人で走れたことに喜びの拍手を送ってくれた。全員リレーでは、男子生徒がカズキの両肩を抱えながら、いっしょに走ってくれた。カズキのクラスは一位との点差がたったの五点で、惜しくも総合二位。閉会式の後、クラスのみんなでがっちりと円陣を組み、「みんな、お疲れ様！」「悔しかったー！」「でも楽しかったからよかった！」「次は合唱コンクールでがんばろー！」……と声をかけ合っていた。みんなの最高の笑顔の中に、カズキが当たり前に参加していたことに、私は胸が熱くなった。

昼休みのできごと

昼休み担任は時々、
カズキと体育館で遊んでくれるようだ。
担任
カズキ
体育教師
キーンコーン
カーン
さ、教室に戻るぞ～
カズキ～ブレザーを忘れるなよ～
わわっ
スス―
・・・自分で着ろよ・・・

去年とは全然違う！

中二の夏休みが終わってすぐに、宿泊研修があった。カズキのような重い発達障害を持つ子が宿泊を伴う行事に参加することは、学校にとって初めての経験だ。担任が事前に施設を視察し、トイレやお風呂などあらゆる場所の写真を撮ってきてくださったものを使って、特に見通しをつけることが必要なカズキに、私は数日前から写真を見せながらスケジュール確認をした。また実際に持っていく荷物を担任に見せに行った。「入浴のときと、次の日の着替えはこれとこれで……就寝前にこれをこっちのバッグに移し替えて……」といった説明をしながら、カズキがみんなといっしょに過ごすためには、多くの準備と先生や友だちのフォローが必要であることを痛感した。そんな少しだけ重い気持ちと、カズキがどんな二日間を過ごすのかというワクワクが入り混じった気持ちで、当日を迎えた。

カズキがバスに乗り込むまで、遠くから様子をうかがっていた。カズキへの先生たちの対応は、生徒の一人としてのフォローのみ。違うクラスの中にいたカズキを、班長さんが見つけて自分の班に連れていく。カズキはみんなに連れられ、バスに乗って出発した。まわりが過剰なかかわりをせず、必要なときだけ手を差し伸べる――実にありがたい環境だ。「班長さん、班員たちがカズキの世話に追われずに、楽しい一泊を過ごせますように」と祈った。

次の日、カズキたちを乗せたバスが帰ってきた。担任が撮影した動画を観ながら、楽しい報告を受けた。友だちから教えてもらいながら頑張った薪割り。キャンプファイヤーの炎に心を奪われながらも、女子の手を取り踊っていたフォークダンス。ビクビクしながらもしっかりこいでいたカヌー体験など、みんなと共に過ごし、行動するカズキが映っていた。

カズキが、みんなで作ったカレーを三杯もおかわりしたせいか、お腹を壊してしまったというハプニングがあったようだ。先生たちをバタバタさせてしまったことはそのことくらいで、いつも学校で習慣化している水飲み場での水遊びをしなかったことや、水たまりにモノを投げ込むのが大好きなカズキが、池を見つけても何も投げ込まずに、立派に我慢していたという。担任は「カズキは班の仲間の声かけによく反応し、周りが困るような行動もなかった。去年のカズキとは全然違う！」と成長ぶりに感動していた。楽しそうに過ごしているカズキの様子、そして普通学級という集団の中で育つことで、「社会性」が生まれていることが、その報告から手に取るように感じられ、心からうれしく思った。

また今回の行事で、どうしても手が離せない場面になったとき、「ちょっと」カズキをフォローしてくれる「人手」が必要であることを課題として感じたと担任からうかがった。中三の修学旅行に向け、どのような体制を考えられるのか。カズキ、私たち保護者と先生とで「いっしょに過ごすための工夫」を話し合っていきたいし、日頃共に過ごしている生徒のアイデアも聞いてみたいと思った。

カズキとあいさつ

ある朝、他のクラスの子がカズキに挨拶をしたときのこと
カズ君、おはよう！
ころすぞ〜。
ニヤッ
先生、カズ君に今朝こんなふうに言われちゃいました
ガーン
あはは
それからというものカズキの反応に期待して
カズ君おはよう！
おはよっ
…
カズキに挨拶する子が増えているらしい（笑）

関係が育つ

カズキの担任からはほぼ毎日電話が来て、学校生活の様子の報告を受けるが、その中には感心させられること、考えさせられることが多い。

ある日、給食のハムカツが五つ残り、争奪じゃんけんが始まった。集まった男子一〇名ほどの中に、カズキも入っていた。テンポの激しいじゃんけんにカズキはついていけないだろうと察したある生徒が、「俺がカズキの代わりにじゃんけんしてやる！」と名乗り出た。結局、その生徒が見事にハムカツを勝ち取り、カズキに渡してくれたという。

またカズキが授業中立ちあがり、制服のジャケットを脱ぎ出したこともあった。クラスの子たちは、「カズキがジャケットを脱ぐ＝トイレに行きたい」ということをわかっている。そのまま教室を出ようとしたカズキに、近くの席の生徒が「こら！ちゃんとトイレに行きたい、と先生に言ってから行きなさい！」と声をかけると、カズキは教壇の先生のところに行き、「トイレです」と伝え、許可をもらってから教室を出たという。

争奪じゃんけんの場に私がいたなら、「カズキのためにもっとゆっくりじゃんけんしてね」などと介入しただろう。その結果、カズキの代わりにじゃんけんをしてくれる生徒は出てこなかっただろうし、カズキがジャケットを脱いでトイレに行こうとしたときも、大人の介入があったならカズキに声かけをしてくれる生徒は現れなかったかもしれない。

大人のかかわり方について、本人の意思を尊重しつつ、「支援から徐々に手を引き、ただ見守る」「かかわり過ぎない」ことが、子どもの成長をうながすと聞いたことがある。カズキの担任は、これを自然に実行してくださっている。クラスメイトたちによるカズキとのかかわりも、とても自然だと聞く。カズキがなくしたものをいっしょに探す。昼休み、独特なボール使いでひとり遊びをするカズキの遊びに加わる。放課後、玄関でカズキを待つ私を見つけた生徒が「カズキ、お母さん迎えに来てるぞ〜」と声をかける。カズキが支援学級籍だった頃より、まわりの生徒との関係が育まれているのは明らかだ。「この場面ではこのように声をかけよう」「手助けが必要かな……」といった他者へのアンテナをも発達させるのだと感じている。

「小学校四年生くらいから、だいたいの子は自分のことばかりになって障害児とはかかわろうとしなくなるから、普通学級にいた方がカズキ君は寂しい思いをするよ」

と私やカズキに言った専門家の言葉を、カズキとクラスメイトの関係性が否定してくれているように感じる。

幼い頃から多様な個性を持つ仲間と時間を共有する、「インクルージョン（包摂・包容）」の状態が「当たり前」の中で育った子どもたちには、マイノリティーとされる人たちの排除や障害児者に対する無意識の無関心といった感覚は、育ちにくくなるのではないだろうか。インクルージョンの環境づくりが、いじめや虐待、ハラスメント等の問題の根本的な回避につながる。それは、カズキとまわりの生徒を見てきた私の確信になってきている。

みんなのお世話をよそに…

カズキに特別賞

中学二年の二学期も終業式を迎えた。カズキの成績表には、ぽつぽつと「2」が付き始めている。一年生のときは見事に「オール1」だったが、二年生になり、教科への「関心・意欲・態度」を評価してくださってのことだ。担任の通信欄には、周囲の生徒からたくさんの協力を得て大きく成長していること、体育や音楽ではみんなと一緒にテストを受けて立派にやり遂げ、自信を付けていること、「自分でやる」という意識が現れ始めていることなど、成長した点がたくさん書かれており、涙ぐんでしまった。

二学期の参観日は音楽の授業だった。その数日前、一人ひとり前に出て指揮を披露するというテストがあり、生徒同士で評価するための投票が行われたらしく、参観日にその結果が発表された。上位三名の発表の後、特別賞ということでなんと、カズキの名前が呼ばれたのだ。カズキが指揮のテストを一人で最後までこなしたという報告は、担任からうかがっていた。それ以上に、他の生徒と同じようにカズキも歓声と拍手を浴び、景品をもらうときには数名の友だちが「ほら、前に出なよ～」

などと声をかけてくれる、そのクラスの雰囲気がうれしかった。多くの友だちから褒められ、認めてもらえることは、誰にとっても大きな自信になるものだと思う。

参観日からしばらくして、突然、次の日の学習の準備をカズキ自ら取り組むようになった。時間割を眺めながら、教科書を棚から取り出してカバンに詰める。特に訓練していたわけでもなかっただけに、とても驚いた。冬休みに入っても宿題（カズキオリジナルプリント）を「自ら」どんどん進めている。初めて見る彼のそんな姿に「こんな日が訪れるなんて……」と、喜びと驚きの連続だった。

自発的な行動のあらわれと共に、まっすぐな感情の表現も見られるようになり、それがときに周りの生徒に対して不快感を与えることも出てきた。そんなとき、カズキに行動を変えてほしいことをどう伝えたらよいか悩む私に、担任は「障害を持っていなくても、問題を抱えていたり、いろんなことをやらかす生徒と今までかかわってきました。子どもが集まったらいろいろなことが起きて当たり前です。カズキのためにも、みんなのためにも、頑張りましょう！」と励ましてくださり、心から安心した。また担任は、カズキが「やらかした」ことを職員室のみならずクラスメイトにも伝え、カズキの特徴に対する理解を深め、今後も気にかけながら見守ってもらうよう、協力を呼びかけてくださっている。

このような配慮のもと、同年齢の生徒たちと過ごす時間は、ルールや社会性を学ぶ絶好のチャンスなのだ。

先生離れの時期が来た?!

うっかり母も成長の糧

カズキ中二の冬休みが終わった。

始業式の前日、相変わらずの無表情ながら堂々とした態度で「明日は中学校です。」と私に宣言。時間割を眺め、「すうがく、こくご……」とつぶやきながら、棚から教科書を取り出す。体育のある日はジャージを自分で用意し、カバンに入れ、親からの指示なしで、制服の下に指定Tシャツと短パンを身に付けるようにまでなった。

三学期が始まって五日くらい経った朝、カズキが自分で給食のときに使うお盆をカバンに入れていた姿に、私は「あら、ごめん！　忘れてた！」と苦笑い。しかし、カズキが「自分でやらねば」と感じ、「うっかり母」も成長の糧になるのであれば、それはそれでいいのかもしれない、となんとなく自分を肯定できた瞬間だった（笑）。

授業が始まるときには、必要な教科書を机に出し、移動教室も自分で行ける。トイレには行きたいときに自由に行っているようだが、授業中も静かに座っていることが増えた。昼休みは、自分のクラスが体育館を使える日を自らチェックし、喜んで遊びに行く。掃除も友だちに指示（支持？）されながら、いっしょに取り組んでいるという。親としての願いは、そのような成長はもちろんだが、その他に「助けてほしいときに人にお願いできる力」を身に付けることと、そのお願いを受け止め、助けてくれる環境が生まれることであった。担任が、「着替えのとき、カズキが『お願いします』と自分のところにやってきて、ネクタイを付けてほしいと要求してきます。もう、僕がカズキにやってあげることは、ネクタイをつけてあげることしか、なくなりました」と少しさびしそうに、そしてうれしそうにおっしゃった。親の願いが、順調に叶っていることの喜びをかみしめている。

こうしたカズキの成長を示すさまざまな行動は、家や学校で、毎日特別に時間を作って訓練した結果出来るようになったわけでなく、「ある日突然」始まった。それがなんとも不思議でおもしろい、と担任と話した。子どもはどこから吸収し、学んでいるのだろうか。カズキの「学び」は、現在一般的な社会や学校が求める「学び」や、他の生徒と同じ「学び」ではないのかもしれない。テストの点数で測れるものでもない。でも、普通学級という「みんなと同じ」日常の中で、「みんなと同じ」経験を積んでいるからこそ、カズキなりの「学ぶ力」が身に付いていると感じずにはいられない。「障害を持った子を、支援の乏しい普通学級に『居させる』なんて、かわいそうだ」……これまで幾度となく聞いてきた言葉だ。はたしてそれは本人にとって、本当に「かわいそう」なことなのか。周りの「いっしょに居るのは当たり前」という意識、ちょっとした理解や工夫で、障害児本人は決して「かわいそうな子」にはならない、とカズキと暮らして思う日々だ。

お正月のカズキ

家族には見せない姿

　カズキの登校に付き添うボランティアのOさんから、時々お電話で登校の様子をうかがう。うれしい報告も増えた。Oさんが雪道で滑ってバランスを崩したとき、カズキから手を差し伸べ、腕を取って、足元のよい場所までいっしょに歩くという。「カズキ君、本当にやさしいんですよ！」とOさんは感激しておっしゃる。それは家族には決して見せない姿で、どうも私にはカズキのそのような行動を想像すらできなくて困った。しかし、家族以外の大人とかかわるなかで芽生え育ってきたカズキなのだろうと思うと、うれしさがこみ上げた。

　学校での様子は、担任から楽しく報告を受けている。朝の会や帰りの会で、前に出てきて日直さんといっしょに並んで立ち、ニコニコと笑顔を振りまき、飛び跳ねたり変なポーズを取るカズキと、それを見慣れた風に眺めるクラスメイトたちの様子を動画で見せていただいた。また昼休みの体育館で、カズキのボール遊びに友達が何となく付き合ってくれている場面や、教室に戻るときに、カズキが制服のジャケットを友達に持ってもらっている様子も映っていた。

給食の時間、残ったハムカツの争奪じゃんけんで、カズキの代わりに出てくれた生徒がいた話を書いたが、今度は揚げパンの争奪じゃんけんがあったという。同じ生徒がカズキのためにじゃんけんをしてくれ、前回同様、見事にじゃんけんに勝って、カズキはめでたく揚げパンをゲットできたと聞いた。

スキー授業（雪国なので冬期はスキー授業がある）では、リフトに乗ってはボーゲンや直滑降で、ほぼノンストップで下まで降りる。それを何十回も繰り返すので、付き合う先生の体力が心配になったとうかがった。帰りのバスの中で撮った映像も見せていただいた。後方座席の女子たちが「カズ〜カズ〜」と呼んでいる。振り向いたカズキに対し、いろんなポーズを取るようにリクエストしている。カズキは「仕方ないな〜」といった表情をしながら要望どおりにポーズを取ると、女子たちがきゃっきゃっと喜んでいた。私が迎えに行くと、男子からも女子からも、「カズ、バイバーイ！」と声がかかる。カズキもそれに応え、無表情だが手を振り返す。そんな様子に、心がほっこりする。

ときには「うるさいよ！」と叱られたり、からかわれて機嫌が悪くなったり。できないことを助けてもらったり、できるようになったことを褒められたり……子ども同士が集えば、大人には予測のできないようなことが起こる。このような、中学二年生ならではの雰囲気の中で共に学び過ごす経験は、後からは決して与えることができない、「今」という期間限定の時間である。「できるようになる」ことや「将来のため」の取り組みももちろん大切だが、同時に、子ども時代にしか経験できないこと、感じることのできないことがある。またそこに、カズキを知る友だちがいる。カズキには仲間とともに、「今」を精一杯味わって生きてほしいと願う。

揚げパン争奪じゃんけん

No.

Date

クラスメイトからのメッセージ　その1

なぜ、大人は健常者と障害者との間に壁を隔てるのか。

それは障害者への自分勝手に作り上げた偏見があるからだと思います。その偏見をなくすには、障害として見るのではなく一つの個性として受け止めて、その個性を共に尊重し合うことが大切だと思います。

もし僕がカズキと出会っていなかったらもしかしたら、障害者へ対して軽蔑した目で見ていたのかもしれないです。本当にカズキとの出会いは僕たちの人生を良い意味で変えてくれて、僕たちを大人にさせてくれました。僕がカズキと過ごした色の濃い中学校生活は死ぬまで一生忘れません。

体育祭で一緒に走れたこと。

学校祭で一緒に歌えたこと。

みんなと授業を受けたこと。

これは、僕らにとっては普通なのかもしれない。だけどカズキにとっては本当に特別なこと（重い障害がありながらも普通学級でみんなと普通に過ごすこと）なんだと思います。

その特別なことがあたりまえになる日を、ずっと僕は祈ってます。

カズキの親友・本間大雅《たいが》（2020年5月）

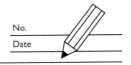

4章　仲間

中三へ進級

　カズキは無事、中学三年生に進級した。靴箱も、ロッカーも、クラスメイトも、教室も一階から二階へと、何もかも変わる。変化が特に苦手な自閉症のカズキにとって、始業式の日は心のざわつきが隠せない様子で、教室に入るのを少し拒む姿もあった。しかし、担任の先生が変わらなかったこと、そして今までいっしょのクラスだった生徒が「お！　カズく〜ん、また同じクラスだな。よろしく！」とハイタッチや声をかけてくれて、カズキのホッとする表情が見えた瞬間があった。普通学級の在籍も三年目に入り、数年前に比べて変化への対応がかなり柔軟になっている。一般社会で暮らしていると、急な変更や変化があるのは当たり前だ。これこそ、障害児にとっても普通学級は、「社会性」を育む場であるといえるのではないか。

　三年生になってもう一つ、大きな変化があった。今まで中学校に配属されていた「特別支援教育補助指導員（支援員）」が変わったのだ。この二年間、主にカズキの学習支援等にかかわってくださっていた支援員のKさん。入学して初めてKさんとお会いしたとき、私に「カズキにはできることがたくさんある」と言ってくれたその言葉にはインパクトがあった。それまでは、主に「できないこと、困ったこと」に関心が集まることが多かったし、それが当たり前になっていたからかもしれない。支援員Kさんは、カズキにはできることがたくさんあるから、コレもアレも挑戦させてみようと提案してくださった。「自閉症の子ども」といった枠にとらわれずに「カズキ自身」を観察し、「普通学級の中で、どう学べるか」を担任と共に探り、取り組んでくださった。

その結果、夏・冬休みに渡されたカズキオリジナルの宿題を見て驚いた。元素記号を三〇個書けること、北海道の都市を漢字で一〇個以上も書けるようになっていたのだ！　そして、もう一つうれしかったのは、私が参観日などで学校を訪れたとき、支援員Kさんとカズキが一緒にいる姿をほとんど見たことがなかったことだ。Kさんの「かかわり過ぎないかかわり」によって、「子ども同士のかかわり」が深まり、カズキの「自分で考えて行動する力」「助けてほしいときに、周りの人にお願いできる力」が育まれたように思う。そればかりでなく、カズキは自信が付いたように頼もしく、のびのびとした表情を見せるように変わっていった。

支援員Kさんにお礼を伝えたとき、一〜二年生のあいだ、毎日欠かさずカズキの様子をとった記録を私にプレゼントしてくださった。入学した頃は、授業中に教室を飛び出し、制服を脱ぎ、思い通りにならないと大きな声をあげていたカズキ。それが何カ月も続いたなか、その都度カズキの行動に寄り添いながら、行動の理由を考え、声のかけ方を模索してくださっていた。粘り強く、あきらめずに伴走し続けてくださった日々の積み重ねで今のカズキがあるのだと改めて痛感し、涙が止まらなかった。

カズキに携わる先生たちの姿を通して、「人を育てる力」というものは、スゴイものだな！　と改めて感動した。

慣れるのは嬉しいけど…

待ちに待った修学旅行

中三の五月、待ちに待ったカズキの修学旅行があった。さぁ、いったいどうなるか…！　気がかりなスポットを書き出し、想定される事件（笑）やその対策について、担任とたくさん話し合いを重ねた。旅行会社やホテルにも事前に理解を求めるなど、担任は手を尽くしてくださった。カズキと同じ班の生徒たちは、「カズキと過ごすのがとても楽しみです！　俺たちに任せてください！」と、なんとも頼もしいことを言ってくれた。私は、カズキの心配よりも、素敵な仲間と担任に恵まれた喜びを改めてかみしめながら、当日を迎えた。

出発の朝は晴天だった。学校に到着すると、班員のみんなが駆け寄って来て、「こっち、こっちー」とカズキの荷物を持って連れて行ってくれた。いよいよバスに乗り込むとき、「ほらカズくん、お母さんに手を振りな～」と言いながら私に手を振る班員さんたち。何とも言えないあたたかい気持ちで、私はみんなを見送った。

翌々日。三泊四日の全行程を終え、事故や怪我もなく全員無事に帰ってきた。カズキと一緒にバスから降りてきた班員の生徒が、私と目が合うなり、はじける笑顔で「すごく楽しかったです！」と言ってくれたことが、私を心からホッとさせた。

心配だった行き先のうち、毎年激込みする函館山ロープウェイでは迷子になることなく、無事クリア。劇団四季の演劇鑑賞も、生徒たちからの必死の「しー！」という注意で、最後までなんとか客席に座っていることができた。

ホテルの部屋では、同室の友達みんなが、パンツ一丁のカズキを囲んで荷物をひっくり返し、「シャツはどこ？　何を着せたらいい？　脱いだ靴下はどこに入れる？」……などと奮闘した。サービスエリアでは、カズキはたくさんの友達に誘われ、記念写真を撮った。バスの中では、カズキがアンパンマンの歌を口ずさむと、手拍子が始まり、みんなで大合唱となった。

ルスツリゾートでは、怖がりのカズキはアトラクションを嫌がっていたが、友達の誘いでなんとか一つだけ乗ることができた。自主研修では、ときには添乗員さんにも見守られながら、班員のみんなと市電に乗ったり長い距離を歩いたりして、函館の街を最後まで散策して回った。ほかにも、書ききれないほどのドラマをうかがった。

旅行中、担任からメールをいただいた。いつも以上に、心身ともに大変な旅行になったであろう担任の先生。メールの文面は、カズキが無事に過ごせた安堵の思いよりも、ただただ、カズキにかかわるクラスメイトのすばらしさに対する感動であふれていた。

「カズキのおかげで、みんな優しく立派になっています。あきらめず信念を通し、カズキをこの中学校に入れてくれて、ありがとうございます」

……この文を読んだとき、カズキが障害を持っているとわかってから一二年間に味わってきた迷いや苦しみ、つらかった出来事が、一気に吹き飛んでしまった。カズキを産んで以来、私にとっていちばんのうれし涙を流した日となった。

担任はもちろん、カズキが旅行に行くに当たってさまざまな手配をしてくださった学校、そしてクラスのみんなには、もう、感謝しかない！　カズキは、言葉では伝えられないが、楽しい旅行だったに違いないと、心から思う。

ホテルでのひとコマ

あ！カズくんがシャワーからあがった！
先生～カズの脱いだ靴下は、どこに入れるの～？
カズ、寝るときは何着るの？
担任
スッ
カズ
カズキの脱いだパンツ
カズ、脱いだパンツはどーする…
ズボンこれでいいの？
ホラ、シャツ着て～
カズが…オレの鼻に汚れたパンツを…
フラッ

子どもを力を引き出す

障害児・カズキがそこに存在し、それを受け入れる環境があることによってこそ生まれた修学旅行での感動の数々。「環境」とは、カズキといっしょに旅行に行くためにはどうしたらよいか…ということを少しずつ分け合って考えてきた「生徒と担任、そして学校」だ。徐々に、そして見事なほどに、その「環境」によって、カズキが生きにくくなる「障害」（バリア）が取り除かれ、カズキがみんなといっしょに修学旅行に行くことができた。

従来、「障害」は本人に起因するものであるから、治さねばならない、克服せねばならない…といった「個人モデル」「医学モデル」で語られてきた。

しかし現在、「障害」は社会の不備によって生じる、という「社会モデル」という考え方に変わった。障害の有無にかかわらず、誰もが同じ場所で普通に暮らせるよう、みんなで相談し合いながら社会の仕組みを変えよう、というとらえ方である。この理念をカズキに当てはめると、「普通学級」（社会側）の課題として「自閉症児がそこに居るのが無理になっているのなら、普通学級を変えていこう」ということになる。（ちなみに、「カズキは重度の自閉症

児だから、普通学級に居るのは無理である」というとらえ方は旧来の「個人モデル」にあたる）

クラスメイトと手を取り合って「お互いをよく知る、理解する」ことに努めてくださっているのが、カズキの担任だ。その作業は、特に自由な会話を持てないカズキに関してはなおのこと、時間も手間もかかることだ。でもその手間を省かずに取り組んできた日々の積み重ねによって、中学校の修学旅行のような素敵な時間と関係性を、みんなで共有することができたと思う。

「支える」「支えられる」といった関係を超えて、みんなで模索し行動する力。それが「子ども力」、引いては「人間力」の一つではないか。

そのように、今の日本社会が忘れかけている、もしくは置き忘れてきた、人間が生きていくうえでとても大事な「何か」を、カズキのクラスメイトが日々教えてくれている。

みごと総合優勝！

カズキの通う中学校では、修学旅行が終わって間もなくスポーツフェスティバル（以下スポフェス。体育祭のこと）が行われた。

クラスの応援歌は、「アンパンマンマーチ」。修学旅行のバスの中でカズキが口ずさむと、クラスみんなの大合唱となったことは前項で紹介した。あのとき、バスの中で起こったことが子どもたちにとって感動的な思い出となったということで、みんなでこの応援歌に決めたという。

開会式の前に、各クラスで円陣を組んで気合を入れる。カズキのクラスは「アンパンマンマーチ」を歌い、最後に「それいけ！　アンパンマーン！」とみんなでこぶしを上げて盛り上がっていた。その様子を保護者席で見ていた私は、すでに目頭が熱くなっていた。

カズキは一〇〇メートル走（ものすごく遅かったが）、ハンドボール投げ、綱引きと、なんとか順調に参加していた。「ハリケーン」という競技がある。四人一組が横並びになり、両手で長い棒を持ちながら、次々と回って、走って、飛んで、しゃがんで……を繰り返し、全員の出番が終わるまで一時も気を緩められない。「さすがにこの競技はカズキには無理だろう」と見ていたら、カズキはどこにいるかわからないほどみんなといっしょに走っていて、本当に驚いた。全員リレーでは、カズキの出番の少し前から友達も隣でスタンバイ。いよいよバトンが渡されたとき、友達数名のリードと周りの大きな声援の中、カズキは次にバトンを渡すことができた。

カズキのクラスは、なんと総合一位！　最後にクラスのみんなで円陣を組み、ひと言ずつ感動と喜びを語り、かみしめ合った。最後にカズキの番になったとき、「アンパンマンマーチ」をみんなで大合唱。一人ひとりの笑顔がまぶしかった。

後日、学校に行くと、廊下にスポフェスの感想文が貼ってあった。ハンドボール投げの感想が目を引いた。「……うまく結果を出せずにその場で泣いていたら、カズくんが私の顔をのぞきながらとても心配した表情で『大丈夫？』と声をかけてくれて、本当にびっくりして、笑顔にさせてくれました。カズくんが近くにいてくれて良かったです」と書かれていた。また「全員リレーではみんな一生懸命走りましたが、いちばん頑張ったのはカズだと思います。練習ではあまり走らなかったカズが本番になるとものすごいスピードで走っていました。そのときはすごく楽しかったし感動しました」という感想もあった。

生徒たちは、重度の知的障害と自閉症があり、意思疎通が難しいカズキを排除するどころか、そんなカズキと共に優勝を目指そうとした。修学旅行で培った仲間とのつながりを感じながら「青春を楽しんでいる」カズキたち。そこに総合優勝という結果がついてきたことに、私は素直に驚き感動した。

友だちが遊びに来た

カズキが中学校の普通学級に在籍して三年目。初めて我が家に、カズキのクラスメイトが遊びに来た。

大きなきっかけは、修学旅行だった。同じ班の生徒が、うれしいことに「カズキに連絡したいことが出てくると思うので、SNSでお母さんと連絡を取り合えるようにしたい」と言ってくれた。そうして、カズキのクラスメイトと気軽に連絡が取りあえるようになって間もなくのこと。「ゴールデンウィーク、カズキの空いてる日ってありますか？　遊びに行ってもいいですか？」というメッセージだった。私も夫も、このメッセージに目を疑い、「こんな日が来るなんて！」と胸を躍らせた。

いよいよ、クラスの男女四人が遊びに来る日。楽しみでワクワクしていたのは私だけではなく、カズキも同じだった。そう感じたのは、初めて見るカズキの行動がいくつかあったからだ。朝、カズキのベッドを見ると、いつもはぐちゃぐちゃの布団がピシッと整えられている。約束の時間が近づくと、外で友達を待っていたカズキは、友達の姿を見つけるなり、小走りで手を振りながら駆け寄っていった。これには友達も驚き、喜んだ。さらにカズキは、自らお客さん用のグラスを人数分出して、テーブルに持っていったのだ。この驚きと感動のあと、カズキは自分の分「だけ」ジュースをグラスに注ぎ、堂々と飲み干した。カズキらしい！……とみんなでズッコケ、笑った。外でボール遊びをしたときも、カズキの態度は家族に対するものとは大きく違い、友達への気遣いが見られた。友達も、カズキの出来そうなことで、みんなが楽しめる方法を見つけて遊んでいた。みんなは、カズキから言葉や態度での返事がこないことはわかっていながらも、ちょくちょく声をかけていて、カズキはしっかり遊びの輪に入っていた。

担任による普段の学校生活の報告から、カズキとクラスメイトの間で仲間意識が生まれていることは感じていた。しかし、実際に目の当たりにすると、想像すら出来なかった「友情」までもが育まれていることに驚いた。

このような関係は、カズキ自身がコミュニケーションの方法を頑張って習得したからできたのではない。また「慈善的」な配慮で、周囲から一方的に「提供してあげる」ことで生まれたものでもない。いっしょにいることが当たり前の環境で、結果としてカズキとクラスメイトの間に自然に発生した関係であり、言わば特注のコミュニケーション方法を、お互いに身に付けたからだ。「カズキが、そこに居ること」

で理解が深まり、工夫も生まれる。こうした関係こそが、「合理的」な配慮を生むのだと気付かされる。

「今度はカズキとお出かけがしたい！」という声が、友達数名から上がっている。「いいね！　さあ、どこに行こうか!?」……年甲斐もなく、カズキの仲介人として中学生たちとラインでやり取りできることに、うきうきしている私だ。

学校祭でコント

中学校生活最後の学校祭。カズキの出番は毎年恒例の合唱コンクールと、学年ごとに披露する「よさこい」踊り、そして驚くことに、カズキはクラスメイトH君とT君に誘われ、コントに出場するというのだ！　コントのチーム名は「カ゛Z（カズ）～仲間たち～」。事前に撮影したショートコントの映像が流れ、カズキはセリフのないキャストとして登場していた。先生や生徒たちの熱演ぶりに、会場が沸く。その後、H君とT君のリードで、先生と生徒数名によるコントが始まり、先生たちの特徴を表す授業風景を面白おかしく披露。会場は笑いの渦となった。

コントが終わった後、H君とT君とカズキの三人が、ステージの中央に立った。H君がマイクを持って「ここからは笑いはナシです。僕たちがコントをやろうと思った本当の理由は……」と語り始め、会場が静まり返った。

「みなさん、平田カズキ君を知っていますか？　三年生以外はあまり知らないと思いますけど……（生徒のほとんどが手を挙げたので、会場に笑いが起こる）。カズは、自閉症という発達障害を持っていて、そのことを聞いたら、カズは幸せなのかな、とか、かわいそうじゃない？　と思う人もいると思うんですけど、カズはそんなことはなくて。みんなといっしょに授業を受けたり、体育祭でいっしょに走ったり……普通だったらカズのような子は別な施設に行くことが多いので、みんなとこうやって触れ合うこともなかったと思うから……（カズに向かって）カズ、幸せだよね？」――カズキはすかさず、自閉症特有のオウム返しで「幸せだよね」と応え、会場に笑いが起きた。H君は続ける。

「僕たちにとっては、こうやってみんなと学校生活を送るのは当たり前のことだけど、カズにとっては貴重なことなので、どうかみなさんカズを大事にしてやってください」――、次にマイクはT君に渡された。

「僕は二年生から、カズといっしょのクラスです。去年の宿泊研修では同じ部屋だったのですが、そのときにいろんなトラブルがあったけれど、他の部屋の人たちまでもカズを支えてくれて、とても良い思い出になり……修学旅行もバスの中で、カズを中心にみんなで『アンパンマンマーチ』を歌ってめっちゃ盛り上がって……とても良い修学旅行だったんです。だから、さっきH君が言ったように、このようにカズと触れ合えることって、とても貴重なことだと思うので……通りかかったときに挨拶でもしてくれるとカズは返事を返すので、みなさんどうぞよろしくお願いします」と、二人は深々と礼をした。そしてT君が「これからみんなでアンパンマンマーチを歌うので、皆さん立ってください。三年一組のみんな、ステージに上がって～」と号令をかけ、一組の生徒みんなが壇上にのぼり、カズキを囲んだ。カズキにマイクを持たせると、大きな声で歌い始めた。手拍子と大合唱、そしてあたたかい笑顔に包まれた。何も聞かされていなかった私は、この事態にとにかく驚き過ぎて、涙は出るし、手も震えてくるし……で、途中から映像を撮り続けることがとても大変だった。

学校祭後の数日間は、ステージを観た保護者からの声掛けやメッセージが止まなかった。「カズくんを中心にクラスがまとまっているのが伝わってきました。卒業後もカズくんとつながっていけたらと思います。我が家はカズくんに感謝していきます！」「最高の学校祭でしたね。息子の頑張っている姿にチカラをもらって、母ちゃんたちもガンバるしかないですね！」「スゴイ感動した～！　素晴らしい仲間に囲まれてうらやましいし、かっこいい！　一番良かった！　周りの子どもたち、普通に接してくれてうれしいね」「『アンパンマンマーチ』が頭から離れず、今でも涙があふれてきます」など――こうした保護者からの応援に、今までも幾度となく支えられてきた。

教室の壁に掲示される、生徒たちが書いた学校祭の感想文にも、今までで一番楽しい、感動した学校祭だった、といった気持ちがあふれていた。カズキのことをたくさんの人に知ってもらえて良かった、カズキと同じクラスで良かった、というようれしい感想も多数あった。「このクラスで良かった」という感想が一番多かったように感じたが、その理由について、こんなことを書いている生徒がいた。「最も大きい理由は『カズがいる』ということです。カズがいるといつもクラスが明るく全員が笑っていられます」

重度発達障害児・カズキが普通学級に入って、こんなことが起こるなんて誰が予想できただろうか。今まで積み上げてきたもののすべての集大成を見せてもらえた、一生の思い出となる学校祭だった。

学校祭のステージで

学校祭。ステージ上に、カズキとクラスメイトが登場！
A君
カズキ
T君
皆さん、平田カズキ君を知っていますか？
生徒
彼は重度の自閉症という発達障害を持っていますが…
こうやって一緒にコントに出たり体育祭で走ったり授業を受けたりしてます。
カズキのような子は、別な施設で学ぶことが多いので
こうして触れ合えることはお互いに貴重な時間だと思います。
通りかかったときは、ぜひ声をかけてやってください。
よろしくお願いします!!
パシャ
コラ…カズ…
母

コントの理由

この学校祭での出来事は、何度読んでも涙が出てくる。親にとって「一生の思い出」となったことも間違いはない。連載時、読者からの反響も大きかったように思う。

しかし、私の心の中でもうひとつ沸き上がるのは「感動的なことが起こった、という美談のように受け止められてしまうのは、ちょっと違う……」という思いだ。

この学校祭から数年たって、H君とT君に、あの学校祭でコントをした理由をたずねたことがある。二人は「校内でカズと一緒に歩いていると、他学年の人たちがカズを奇異な目で見たり、避けて通ったりする様子を見たことがあって、その時に、このままではマズイ！　と思って。カズのことを知ったら楽しいってことがわかるから、みんなに知ってほしいと思った。そして『カズは障害があるけど不幸じゃない。僕らの仲間だ』ということは、絶対に言わなくちゃ、と思った」という答えだった。

彼らにとっては、「特別なことをした」という感覚ではない。普通に、自分の友だちが「誤解」されて、なんか悔しくて、それを解くために行動した……そんな感じなのだ。

このような体験談は「美談」「感動物語」のようにして語られがちだ。だから、この話を大人は、特別なこととか奇跡と捉えてしまう。

カズキの友だちの行動は、そんな周りの差別や偏見の壁を壊すためのものだった。なぜなら、そうすることは彼らにとっては、ごく自然なことだからだ。

高校受験モード！

学校祭が終わり、いよいよ中三のフロアは高校受験モードに突入する。

九九パーセントの子どもが高校に進学している今、カズキにも、みんなと同じく高校生活を満喫してほしいと願っている。しかし全国的に、知的障害を持つ子どもたちの普通高校への進学は特に進んでいないのが現状だ。

私たちの住む北海道も同様で、数年前、定員が空いているにもかかわらず、不合格となった知的障害の方がいた。不合格の理由として、「高校教育を受けるに足る能力・適性」を満たしていないとする、受験校の校長の判断だったと聞いた。ではカズキはどうだろうか。学習面の到達度という点だけをみると、厳しいことはわかる。しかし、生活の自立や学習意欲、他者との関係性、何より学校へ行きたいという気持ちは……？　「高校教育を受けるに足る能力・適性」とは、それらも照らし合わせた上で、判断されるのだろうか。

文科省から各都道府県の教育委員会と知事等に宛てた通知には、「障害のあるものについては、障害の種類や程度等に応じて適切な評価が可能となるよう、学力検査の実施において一層の配慮を行うとともに、選抜方法の多様化や評価尺度の多元化を図ること」と書かれてある（平成九年一一月二八日付「高等学校の入学者選抜の改善について」の「（一）のエ」）。そして「中央教育審議会答申」でも、「高校入学者選抜について設置者及び学校の責任と判断で行うことを明確にし、一律に高等学校教育を受けるに足る能力・適性を有することを前提とする考え方は採らない」（平成一一年一二月一六日付）と明記している。障害者差別解消法には、「平等を達成するための必要な措置や、障害者を障害者でないものと比べて優遇する取扱い（いわゆる積極的改善措置）は、不当な差別的取り扱いにはならない」と書かれてある。

これらのメッセージを総合すれば、「カズキが合格するための積極的改善措置」を、カズキが選ぶ高校と中学校の校長先生、現在の担任の先生と共に、みんなで考えていくということが「現実的」なのではないかなぁ……。一一月は、悶々としながらも、そんなことを考えて過ごしていた。

そんなさなか、なんとカズキのクラスメイト六名が、カズキの誕生日のお祝いに駆けつけてくれた。たくさんのプレゼントがテーブルに並べられ、「ほら、カズキのだよ」と友だちが声をかける。しかし、カズキはスマホのお気に入り動画に食い入り、振り向きもしない。みんなはプレゼントを開けたときのカズキの反応が楽しみで仕方ないはずなのに、「そっか、わかった、待つ待つ！」とじっと待っている。プレゼントは、カズキの好きなものを一生懸命考えてくれたことが伝わるものばかりで、さすがは同年齢の友だち同士だと感心させられた。バースデーカードには、「中学校生活最後の一年間、いっしょに過ごせて楽しかった。成人式もいっしょに参加しよう！　飲み会もしよう！　旅行もするぞ！　みんなカズのことが大好きだぁ！　卒業してもずっと一生友達♡」と書かれてあり、友だちが読み上げてくれたとき、私は涙をこらえた。

長〜い進路説明会で…

クラスメイトと面接練習

前年の末から、定員割れが想定される定時制高校を中心に、相談・見学して回った。同行してくれた中学校の担任は、なんとか合格させてほしいという懇願ではなく、「カズキはみんなの良さを引き出し、素敵なクラスづくりに貢献しました。とても性格の良い子です。高校でもクラスを楽しくしますよ！」といったアピールだった。「高校が得をします」――そんな気持ちだったようだ。それに加え、カズキの学校生活の様子がわかる動画を制作してDVDにし、高校の担当者側に手渡してくださったときは、先生の熱意に脱帽した。

見学に行った四つの高校のパンフレットをカズキの前に並べると「北高、マル！」と言いながら、旭川北高校のパンフレットを指さした。カズキは自分の意思で、志望高校を決めた。本人は理由を語れないが、旭川北高校を訪ねたときに、カズキなりに何かを感じ取ったのだろう。

カズキが挑む高校は定時制であるため、筆記試験はなく「面接」のみ。放課後、毎日のように担任の先生のみならず、クラスメイトが面接練習に付き合ってくれた。挨拶の仕方、椅子の座り方などのお手本を示す子もいれば、面接官になり切って、カズキに質問をする子、また介助者として、カズキの隣で面接官の質問をかみ砕いてカズキに伝えている子もいる。どうやったら、面接官の質問にカズキが答えられるかを、真剣に相談し合っているときもあった。協力してくれる生徒たちだって、自分の受験が控えている。自分以外のことに心を向け、「仲間」を心配して行動を取る生徒たちの気持ちに素直に感動し、親としては感謝してもしきれない時間だった。

もう一つうれしかったのは、なんと、「平田カズキ君の高校進学を応援する会」が立ち上げられたこと。先に書いたように、本人に高校進学の受験意志があるにもかかわらず、定員に達していなくても不合格になる現実がある。この現状を改善する活動を続け、カズキの小学校時代から普通学級ライフを後押ししてくださっている服部宗弘さんの発案だった。メンバーは特別支援学校教員、大学教授、福祉関係従事者などの九一の個人や団体。「カズキの高校生活を応援し、高校側の不安や心配を払拭する」ことを目的とし、高校側にもはたらきかけてくださった。それはもちろん、カズキだけのためではない。障害を持っていてもみんなといっしょに高校に行きたい……そんな当たり前の願いを叶えていける世の中をつくりたい……そんな祈りも込められているのだ。

受験先の高校とは、面接のシミュレーションを含めて、面接時及び入学後、卒業後も見越して、カズキへの配慮の可能性について、話し合いを重ねた。

例えば目の悪い人には「メガネ」、車椅子ユーザーが二階へ行くには「エレベーター」の使用で、それを必要としない人たちと同じスタートラインに立てる。同じように、カズキにとっての「メガネ」や「エレベーター」にあたる、言葉の代わりになる道具は何になるか、みんなで頭を悩ませながらじっくりと話し合い、建設的なディスカッションができた。私たちが求めた、言葉でのコミュニケーションによる面接のやり方そのものを変えるまでには至らなかった。けれども現状で最大限、出来る配慮として、「介助者をつける（担任の曽我部先生が認められた）」「絵カードなど視覚でコミュニケーションをとれる道具の使用」「面接官の質問に対して、介助者が二択・三択に変換して本人に問いかける」を行うことで合意形成ができた。

面接時間は二〇分間。カズキにとっては長丁場だ。しかも、カズキは当日のコンディションによって、どんな様相になるのかわからない。ゆえに、言葉によるコミュニケーションを前提にした「面接」で合否の判断がなされることは、正直不安があった。

　いよいよ、合格発表の日がやってきた。発表を見ることが出来るのは、コロナウイルスの影響で、受験先である旭川北高校のホームページのみ。家族みんなでスマホの画面を見守っていた。私は緊張しすぎて、一五分くらい前から胃がキリキリ痛んできた。

　一〇時ジャスト。いちばん早く発表画面が映し出されたのは、次女のスマホ。

「あ!!　あった!!」「え?!　マジ?!」——そこにはカズキの受験番号「3008」の数字があった。

　家族中が歓喜の声をあげて大騒ぎしている中、当の本人・カズキはひとり、いつもの無表情で静かに朝食をとっていた。

みんなが付き合ってくれた面接練習

カズキの涙

重度の知的障害があるとされている沖縄県在住のI君。二〇一八年、普通高校入試に挑んだが、定員が空いていながらも不合格となり、一浪して再挑戦した次年度も不合格だった。I君が初めて「どうして」という言葉を口にし、それに応えられなかった両親は、沖縄県教育委員会に不合格理由の開示を求めた。二〇一九年一一月、県教委は「高等学校では重度の知的障害のある生徒に対し、法律上その特性に応じた教育課程を提供できず生徒の学びの保証はできない」と発表した。両親側は「障害を理由に学びの保証を与えないことは不当な差別」と訴えている。

カズキが中三の時、私は普通高校へ相談にまわった。同行してくれたカズキの担任は、「カズキは自分の意思を精一杯伝えてくれます。いっしょにいれば、まわりの私たちが彼の意思を読み取れるようになり、学校生活で困ることはありません。何よりも、カズキはまわりの子どもたちの良さを引き出し、素敵なクラスづくりに貢献し、ありがたい存在だと思っています」といった思いをたくさん高校側に語ってくださった。しかし高校からは、「素晴らしいのはわかりますが、しかし……」と、そういうことは問題ではないといった風で、「高校は義務教育ではない」「単位を取れるか」「意思疎通が図れない」「教員の手が足りない」という言葉が返ってくる。

ある私立高校へ見学に行った数日後、その学校から、カズキを支援する人材が不足しているという理由で入学を断る返事が来た。家庭でそのことを話題にした瞬間、カズキの部屋からすすり泣く声が聞こえた。カズキの涙を数年見ていなかったので、これは偶然とは思えなかった。また、担任がクラスで「カズキは障害を持っているというだけで、高校入学への壁は厚い。カズキは人からなかなか理解もしてもらえず、大変なんだぞ」と話したとき、カズキは顔を上げ、数回「むかしから」という言葉を口にしたという。表出が難しい彼に代わって、そんな彼の思いや意思を伝えていかねば、と思った出来事だった。

No.
Date

クラスメイトからのメッセージ　その2

僕はカズキと出会って、心が大人になりました。カズがいたからこそ、楽しく学校生活をおくることができました。

障害者という言葉だけで、見下したり差別するのはおかしいと思います。カズがいるからこそ、クラスの皆がまとまったりしました。

なので、カズだけではなく他の個性を持った人たちも、「特別な何かを持っている」と僕は思います。

カズキの友だち・谷口莉乙《りお》（2020年5月）

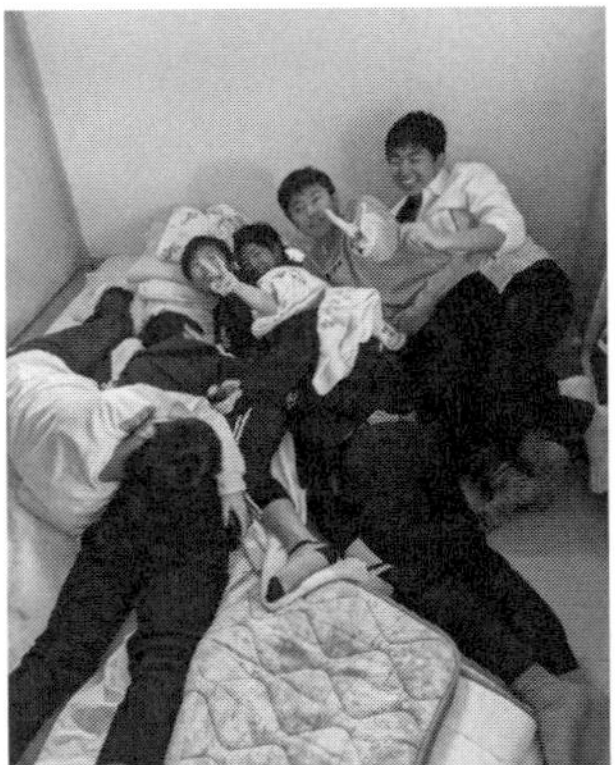

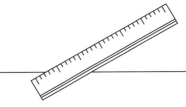

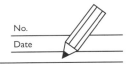

No.

Date

　カズと三年間過ごしてきて「決めつける」という考えがなくなり、「やってみないとわからない」という考えになりました。

　カズが今、どんなことを考えているのだろうと一人ひとりが考えることで、お互いを理解し合うクラスになりました。「～だからできない」「～だからしょうがない」そんな考え方をやめることが必要なんだと思います。

「相手はどう思っているんだろう」「相手は何を考えているんだろう」その気持ちを僕は大切にしたいです。

カズキの友だち・花田志鷹《しおう》（2020年5月）

　僕は引っ越しを機にカズと同じ学校になりました。

　前の家の近くの公園で遊んでいるとき、たびたび補聴器を付けている子を目にして、当時の僕は「不自由」だとか「かわいそう」と感じていました。

　しかしカズと生活を共にしていく中で、「障害」は特別ではなく、誰もが持つコンプレックスというものに似ていると感じ、障害がある人もない人もみんな同じなのではないかと思うようになりました。

カズの友だち・安部壮人《まさと》（2020年5月）

中学校時代を振り返って～フルインクルーシブスタイルが叶う可能性

「思い切って、普通学級籍を選択して、本当に良かった!!」――私の気持ちはこれに尽きる。本書の重要な登場人物・曽我部先生。入学当時、教室を飛び出し、歩き回り、ことばを発しないカズキに対し、「まるで昔の不良みたいだ」と笑って言った。「障害児」ではなく、一人の「生徒」として初めて扱われた衝撃を、今でもよく思い出す。

「ちゃんとさせる」より「互いに理解し合う」ことに力を注ぐ。今まであれば問題とされるようなカズキの行動も、「おもしろい！ スゴイ奴！」とクラスで語りながら、カズキとの関わりを思い切り楽しむ。良からぬ行動も長い目で見守りつつ、クラスメイトに相談し、どうしたら良くなっていくかをみんなで一緒に考える。そこで自然発生するのが、本来の「合理的配慮」なのだと学んだ。カズキのお世話係などいない。カズキが困っていたら、横にいる誰かが手を差し伸べる。「それって、人として当然のこと」と曽我部先生は言う。それがカズキ以外の友だち同士の関係性にも伝染《うつ》っていく。

未だに当時のクラスメイトがわんさか我が家に遊びに来るが、みんなあの中学時代がいちばん楽しかったと口を揃えて言う。遊びに来るメンバーは、各々に「カズキ」にまつわる役目があった生徒たちで、当時仲良しグループだったわけではなかった。今ではそのメンバー同士は親友のようになり、「カズキは人と人を結びつける！」と、喜んで話してくれた友だちがいた。

子ども同士、どんな状態の子でも「いつも一緒にいる」こと。加えて、曽我部先生のように子どもを信じて見守る「大人の態度・まなざし」。この二つがリンクすると、フルインクルーシブスタイルが叶う可能性が広がるのではないか。それを、この三年間で学んだ。

好事例を享受させていただいた保護者として、カズキとクラスメイトのかかわり、そして曽我部先生のスキルを、インクルーシブ教育を実践したいと願う方々へ、今後もさまざまな場面で伝え続けていくつもりだ。

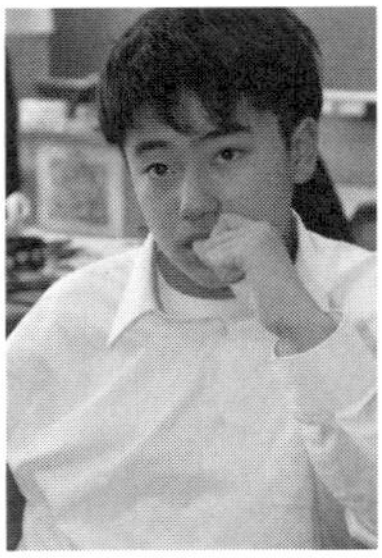

表情がイキイキと変わっていったカズキ。中一の四月。

中二の四月。

中三の四月。

中学校最後の学校祭。

中三、教室で。

修学旅行。
担任の曽我部先生、クラスメイトと。

5章　みんなと同じ社会で

高校生活スタート！

旭川北高校定時制に合格したカズキの入学式。夫が三年ほど続けているカズキのヘアカット&セット。この日のために腕を振るい、やせていた頃の夫のスーツをビシッと着込んで、いざ北高へ出発。コロナの影響で、入学する生徒と教員のみの入学式であったが、カズキの想定外の行動の備えとして（笑）、私も入学式をのぞかせてもらうことになった。

全日制と定時制合わせて二五一名の生徒がいたが、そう思えないほどの会場の静けさに、「カズキよ…声を出すなよ…立ち上がるなよ…」と、私は会場の隅でひとり必死に祈っていた。

クラスの担任が生徒の名前を呼び、生徒が「はい」と返事をして起立し、すぐに着席する。この一連の動きを立派にこなしたカズキに対し、「カズキも高校生になったんだなぁ」としみじみと喜びが込み上げた。……それも束の間、カズキはすぐに見知っていた副担任のところに堂々と寄っていき、トイレへ誘った様子。間もなく会場に帰ってきたと思いきや、またすぐに立ち上がり、今度は体育館の壁際に置いてあったスタンドカメラのところへ行き、式が終わるまでずっとカメラをのぞき込み、さわっていたのだ。このカズキの動きに対し、慌てたりとがめたりする教員もおらず、そっとしておいてくださったことをありがたく思った。

式が終わって生徒が退場するときになって、カズキは列に戻ってなんとかみんなと共に退場した。私自身、このような厳かな場で、カズキを知る人のいない集団の中に身を置くことのつらさ、精神的な疲れを久々に感じた時間だった。

定時制高校は、夕方四時五〇分に登校し、給食から始まる。四五分間の授業を四時間受け、夜の九時に下校する。一日目、帰宅したカズキに、「北高マル？」とたずねると「北高マル！」と元気に応えたので、いいスタートを切れたのかなぁとうれしく思った。

しかし、それも束の間（笑）。登校四日目、カズキが自分の教室に入らずに、隣の二年生の教室に入り浸っている、という報告を担任から受けてドキッとした。中学時代の経験上、「もしかしたら気になる女の子がいるのか?!」と思い、担任にたずねるとその予感は的中。きっとその先輩女子はカズキの好みのタイプでかつ、優しく声をかけてくれたのだろう。それでも担任は「ゆっくり、ゆっくり、いっしょに生活していきます」と言ってくださったことに、涙が出そうだった。カズキには「青春するのはステキなことだが、まずは自分の教室の席に座るんだよ！」と何度も言い聞かせた。その効果があったようで、翌日から自分の教室に居るようになったという報告を聞き、ホッと胸をなでおろした。

高校側は「授業中のカズキへの対応が不十分で、中学校のような状況に近づけていないことも、本人の行動に影響していると考えている」という受け止め方であった。「障害児カズキの行動を正そう」ではなく、カズキが落ち着いて学べるよう「自分たち（高校側）が変更と調整をする」という姿勢をうれしく思った。しかし同時に、重度知的障害を併せ持つ自閉症のカズキ自身、この社会で生きていくための努力（変更・調整）を求められる、という側面もあると受け止めた。

中学での普通学級ライフで、カズキは周囲との折り合いをつける「努力」を重ねてきた。高校生活でも、「彼なりの努力による、彼なりの学び」をたくさん得てほしいと改めて願った一件だった。

コロナ期間のルーティン生活

せっかく入学できたのに、新型コロナウィルス感染症の影響で、入学式後ほんの数日で休校となってしまった。

休校期間中の彼は、思いのほか混乱することなく、落ち着いた生活をおくっていた。しかも他のきょうだいと違い、ルーティンを大切にする特徴を持つ彼の、規則正しい生活ぶりには驚いた。朝六時前には起床。朝食をとり、すぐに宿題のプリントを持ってきて「母さん、座ります」と言って私を横に座らせ、取り組む。その後、私の寝室の扉を開け、「母さん、寝ます」と母の昼寝行動まで管理する彼だ（母をいたわっているのか、母による監視の目から逃れたいのかは謎）。一日に一度は外で運動しようと、ランニングコースのある公園に通ううちに、父母共々ランニングの習慣がついた（カズキ本人は半分徒歩だが……）。彼のおかげで、健康的な（？）生活を考え直す良い機会となった。

学校は六月一日から再開した。好きなものを「マル」、嫌なものを「バツ」と言葉で表現をするカズキ。登校日は毎日「北高マル！」と言いながら、生き生きと通っている。入学当初、登校すると副担任の先生が玄関で待っていて、共に行動をしていたが、もう慣れたので大丈夫でしょう、と一人行動に挑戦させてくださっている。クラスメイトとも、少しずつ交流が持てるようになっているようだ。下校時、迎えに行ったときに「バイバイ」とカズキと生徒が手を振り合う姿を見るようになった。

登校が始まって一週間くらいたった頃のこと。夕方から授業が始まるカズキだが、その教室の隣で、大学受験を目指す全日制の生徒が放課後に自習しており、カズキと学習時間が重なる。カズキが授業中、教室から出て廊下で声を出す(出てしまう…)ことで、全日制の生徒の一部から「集中力を削がれる」との声があるという悩ましい報告を聞いた。しかし、担任の先生はカズキが教室から出てしまうこともすべて想定内と捉えており、カズキの行動をさほど問題視していなかった。「まだ登校して一カ月も経っていません。カズキも先生たちも慣れておらず、どう教材を用意したらよいか、どう触れ合ったらよいかを模索中。全日の生徒に理解を得られるよう、教員たちとも情報共有します」という担任の先生の言葉にホッとした。

私は、「中学校では、授業中教室から出ずに勉強を頑張っていたのだから、高校でもできるはず。頑張って!」と登校前に彼を励まし続けた。どうやら、それからというもの、授業中に教室から出ることはなくなったようだ。

このようなとき、親としては「ほかの生徒の迷惑になってはマズイ！」と焦り、「彼にキチンとやらせなくては！」という思考にどうしても陥ってしまう。

カズキを長い目で見守りつつ、ひとりの高校生として受け入れてくださる……親とは違った視点での高校の先生たちのかかわりが、またありがたい。

コロナ下のルーティン生活
朝は6時前に起床。
ユーチューブ
コケコッコー
はやっ
朝食をとり、その後…
モグモグ
宿題のプリントを持ってくる。
エライけどまって～
母
宿題
はむはむ
次は
あざらしね
…と言って2階の部屋であざらしのDVDを鑑賞。
はいはいどーぞ
次は
母さん寝ます
寝室
母に昼寝の指示をする。
ガラッ
ねてほしいんかい

勉強、がんばろう!

カズキの本格的な高校生活が始まってから二カ月。「北高マル!」と言いながら、一日も休むことなく元気に登校するカズキは、実にイキイキとしている。

家庭学習として、学校からは毎日宿題が出る。それにも相変わらず、決まった時間に必ず取り組むカズキだ。図形への理解を深め、問題解決力を育むといわれている「タングラム」(正方形をいくつかの形に切り分けたものを使うパズル)、将来のためにとお金を使った数字の学習、足し算、引き算、英単語や地名を書く練習など。そのような宿題の内容を見ていると、高校の先生たちはカズキの今の力にふさわしい学習について、あれこれと模索してくださっている様子がうかがえる。そして、北海道教育委員会で募集していたカズキの支援員さんも、六月末から無事配置された。

あるとき、下校時に迎えに行くと、たまたまその支援員さんとお会いすることができた。最近のカズキの様子などをうかがうなかで、やりたくない宿題を拒否して先生につき返し、本人にとって慣れていて簡単に取り組めそうなものだけを持ち帰っている、という事実を知った。私はその帰りの車の中で、「あなたにとってやりたくないことも、努力しなければならないときもある。カズキへの宿題のプリントは、先生たちがあなたのためだけに考えて作ってくれているもの。それを拒否すると、『もう高校に来なくていいです』と言われるかもしれないよ？」とカズキに淡々と話した。すると、カズキは焦った様子で「北高マル！」と大きな声で言ったので、私は驚いた。いつもであれば、このような長い私の話を聞くと、最後の部分だけオウム返しをするか、黙っていることが多い。「北高を辞めたくない、北高に通いたい！」……そんな彼の心の叫びを聞いたような気持ちだった。これは憶測ではなく、カズキの本心であるという確信を持った私は、「明日から、宿題だと渡されたプリントは、『はい』と言って持ち帰ってくるんだよ。勉強がんばろう！」と励ました。「勉強、がんばろう！　おー！」と言って拳をあげたカズキの姿を見て、気持ちが通じ合ったと感じた。障害が重いのだから、言っても無駄だろうなどとあきらめずに、カズキを高校生として扱い、伝えるべきことは伝えていこう。そう改めて思った。

担任の先生は、何があっても「ゆっくり、一歩ずつ……」というスタンスだ。ほかの先生たちも、カズキが不安定になったり落ち着きがなかったときなど「こちらがカズキくんの思いをわかってあげられていない」「こちらの対処の仕方が……」といったように、「カズキを変える」ではなく「自分たちがどう変わるか」という考え方で、対応してくださっているのがわかる。また、カズキにとって危険と感じた設備を改良し、場面によっては見守る人を増やしてくださったこともあった。

親として、高校に協力していくことはもちろんのこと、学校外の生活においても、カズキが一般社会の中で多くの人と過ごす時間と環境を整える努力をしていきたい。そんな元気が湧いてくる。

中学時代もこういうこと、あったなあ

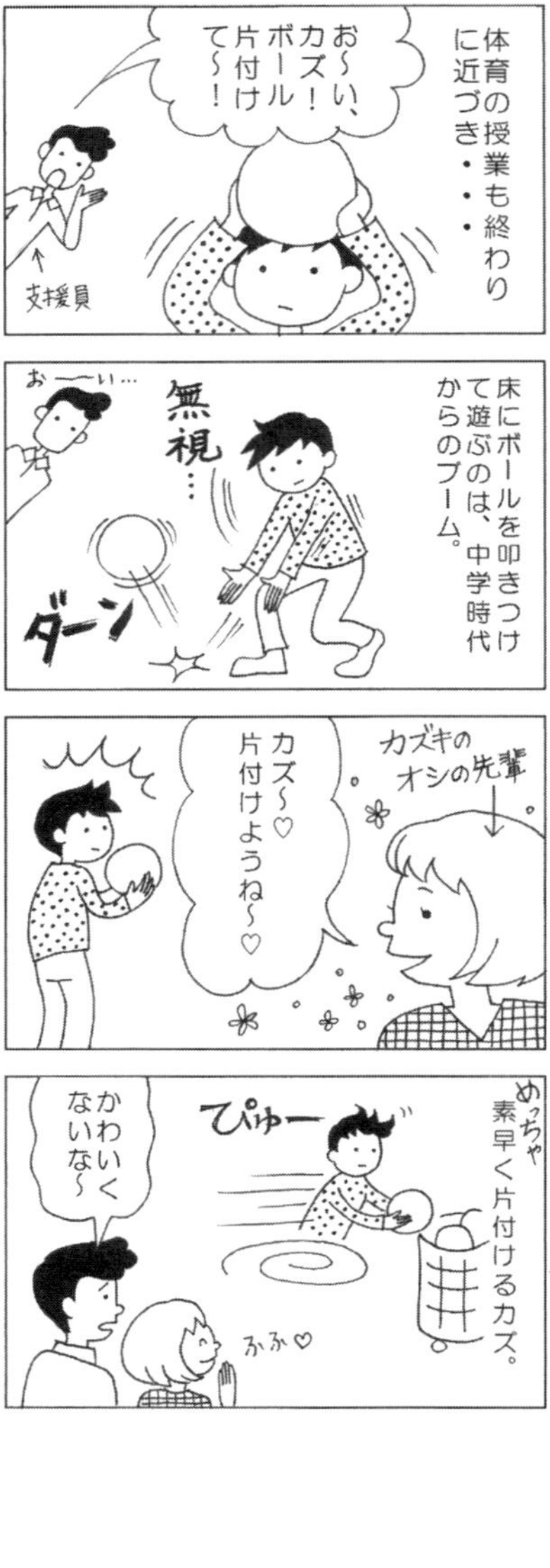

効き目があるのは!?

九月の下旬、私たち夫婦はカズキの先生たちとの面談のため、高校を訪れた。言葉の表出が難しいカズキからは、日々の報告を聞くことができない。謎めくカズキの学校生活の様子を先生たちからうかがうのは、楽しみでもあるが多少緊張する。

入学当初から比べると、変化も成長も見られ、最近は特に、穏やかに学校生活が送れているとのことだった。意思表示も強くなり、「ちゃんとやっているオレを見てよ」といったアピールの仕草まですることもあるようだ。また授業中、以前のように勝手に教室を出るのではなく、廊下を指さして支援員さんの許可をとってから出るようになったとうかがった。廊下に出ることをただ禁止とせず、何らかの理由があっての行動なのだろうと、カズキの思いに添おうとしていること、またカズキのクセやしぐさ、行動パターンなどをよく観察・分析し、カズキの気持ちをなんとか知ろうとする先生たちの姿勢に、感心してしまった。また、支援員さんのカズキへの声のかけ方や対応はユーモアたっぷりで、そこには楽しい雰囲気が漂っているのが想像できた。

さらに、カズキに寄ってきて話しかける子も出てきており、クラスメイトとカズキとの関係性ができつつあるとのうれしい報告も受けた。「勉強バッテン！」と言ってプリントに取り組むことを拒んでいたカズキが、女子の声かけひとつでやりはじめた、といったエピソードもうかがった。教員よりも、同世代の子どもからの言葉がけの方が効き目があるのはみんなと同じ、という先生たちの感想だった。カズキとのやりとりを楽しむ支援員さん、そして、障害が重いカズキでも、いっしょにやるんだという雰囲気をつくっている先生たちの振る舞いが、カズキとクラスメイトをつないでいるのだろうと感じた。大人の役割の大きさを改めて思った。

私たち保護者の話に真剣に耳を傾け、「課題があれば、みんなで考えていきましょう」「少しずついろんな体験を積みながら、焦らずに、ゆっくり……と思っています」とおっしゃる先生たちには、頭が下がる思いだった。カズキは恵まれたなぁと感じずにはいられなかった。

この面談の後、カズキの様子をのぞきに行った。夕方五時一五分。給食を食べ終え、ホームルームが始まる少し前だった。職員室前の廊下でカズキを発見。廊下に張り出してある時間割を確認し、自分のロッカーから今日使う授業の教科書を取り出していた。カズキの隣には、クラスメイトの女子二人が付いており、いっしょに教室

「北高マル！」…なるほど

カズキが高校に入学して初めて
先生
お母さんどうぞ
カズキの様子を覗く機会があった。
母
わくわく
廊下にいるカズキを発見。
時間割
1
2
3
4
壁に貼ってある時間割を確認し・・・
自分のロッカーから必要な教科書を出していた。
習慣になっていると先生から伺った。
そして、カズキの隣には、女の子二人が付き添っていた。
「北高マル！」・・・だよね。

へ入っていく後ろ姿を見送ることができた。

毎日、「北高マル！」と言いながら、イキイキと登校するカズキの気持ちが、この日の様子と面談でよく分かった気がした。

広がる世界

息子・カズキが高校に入学して六カ月。カズキの学校生活全般をサポートする支援員さんから日常の報告を聞いた。

言葉も増え、カズキなりに頑張って使う言葉がおもしろくて、周りが思わず吹き出してしまうこと。休み時間や授業中もカズキを気にかけ、応援してくれる子も出てきているること。……それらのエピソードを、「私（支援員さん）はカズキにとって〝悪友〟のような存在になっていて、私自身がとても楽しんでいます」と笑って話してくださった。まるで同級生のように、周りの生徒とカズキをつなぐ支援員の様子が目に浮かぶ。カズキが「北高マル！」と楽しそうに登校する気持ちがわかる気がした。

授業は夕方から始まるため、学校生活にも慣れてくると、昼間の活動できる場の必要性を感じ始めた。情報を求め、地域の障害者総合相談支援センター（障害者の地域生活を支援し、自立と社会参加促進のための相談や情報提供を行うところ）に行き、職員に相談をした。カズキの特徴や保護者の願いを汲んだ上で、紹介してくださったいくつかの事業所をカズキと共に見学・相談に回り、ふたつの事業所を利用することに決めた。

ひとつは、障害を持つ子どものみならず、年齢を問わず地域の住民が自由に出入りできる「地域共生拠点」を謳《うた》う事業所だ。地域の方たちで協力してつくる畑で収穫した野菜をおやつとして食べたり、近所のお年寄りや子どもたちが集う催し物を開催するなど、障害の有無や年齢に関係なく、さまざまなかかわりが持てる点が魅力だ。利用を始めて間もなく、「私はカズキくんに夢中です！　昨日のカズキくんの行動にみんなでひっくり返って笑ったんですよ～！」などといった職員の報告をうかがい、カズキの特徴的な行動をみんなで楽しんでいる様子が伝わってくる。カズキはお皿洗いなどのお手伝いに積極的で、たまに冗談めいた発言もあるらしく、家では見せない彼の顔があるようだ。もうひとつは、障害を抱えていても余暇を楽しむという当たり前のことを実現できるよう、一人ひとりの「行きたい」「やりたい」に寄り添い、付き合ってくれる事業所だ。初めて顔を合わせた職員が、「カズキさん、○○と申します。よろしくお願いします」とカズキに向かってしっかり頭を下げて自己紹介をする姿に、その事業所の人権意識の高さを感じた。

カズキは「サイパル（地元の科学館）、マル！」「イオン、マル！」などと行きたい場所を選択し、保護者抜きでの外出を楽しんでいる。カズキのように行動援護が必要な障害者が、公的支援を受けながら同年代の人たちと同じような自由を得て、世界を広げていく。近年、障害者をめぐる環境が、少しずつ人権が守られる方向へと発展しているようで、うれしく感じる。

こうして、彼の主な生活の場は、学校、事業所、家庭となった。多様な人々が「いる」、そのような環境がそこに「ある」ことから出発し、調整・変更をお互いに繰り返しながらいっしょに生活をしていくと、言葉として表現せずともインクルーシブ（包摂的）な環境（「地域」）が醸成されていくのだと、改めて感じている。

疑い深いのか慎重なのか!?

カズキの通う定時制高校は、夕食（給食）から始まる。
水
テーブルに水の入ったやかんが置いてあったときのこと。
カズ、それ水だぞ～
支援員
…と言われても、まずは触って温度を確認
注ぎ口から匂いを確認
くんくん
ふたを開けてそこから匂いを確認
コップに注いだ後も匂いを確認
くんくん…
疑い深いのか、慎重なのか…

「カズキくんといえば笑顔ですよね！」

早いことにカズキも、二年生になった。学校での様子を聞くと、手を洗う回数がかなり増えているとのことだ。新年度を迎えると、とにかく何でもガラリと変わる。教室、靴箱、ロッカー……そして四年生が卒業し（カズキが通うのは四年制である）、新一年生が入ってくる。私たちにとっては当然として受け入れることであっても、（専門書によると）自閉症の感覚をもつ彼にとって、「変化」はどうしても厳しいものかもしれない……と、彼の手洗いの回数から推測される。

また授業中、カズキは課題に取り組まずに、支援員さんを突っついたり、眺めたりして「かまってほしい」モードになる日があることもうかがった。そんなカズキに対して、支援員さんは「気持ちがざわざわして、落ち着かなかったりしんどかったりするとき、大人であれば一服しに行ったりする。それとカズキの『手洗い』は同じかもしれない。授業中も、言葉で伝えられる手段を持っていれば、調子が悪いので早退したいとか、保健室で休みたいと言える。しかしカズキにはそれが難しいために、さまざまな行動に出てしまうのではないか」……そんなふうに推し量って下さっている。カズキを一人の人間として応対し、区別のない感覚でお話しくださっている支援員さんに、日頃からハッとさせられることが多い。

また、先日、カズキのひとつ先輩のお母さんとお話しする機会があった。その方は、「うちの娘はカズキくんのファンで、カズキくんのことを毎日私に報告します。娘の他にも、多くの子がカズキくんに癒されていると聞いています」とおっしゃった。以前から、カズキは先輩たちからも廊下で会ったときなどに声をかけてもらっており、定時制全体の雰囲気として、カズキの存在が自然になっているということを先生たちからもうかがっていたが、さらに具体的に、生徒の思いをうかがうことができて、とてもうれしかった。また、「カズキくんといえば『笑顔』ですよね！」とおっしゃるそのお母さんの言葉にも、驚いた。その後、意識してカズキの表情を見てみると、けっこう笑顔が多いことを感じ、「カズキは自閉症だから無表情である」と決めつけていた自分に気が付いた。

現在、カズキにとって〝学校〟は、「障害があるから」といった〝決めつけ〟や〝あきらめ〟で扱われることなく、ある意味普通に扱い、向き合ってくれる場所となっているように感じる。カズキが「北高、マル！」と言いながらイキイキと登校しているのは、そのような理由も大きいのではないかと思う。

カズキ、サイテー♡？

カズキが通う高校（定時制）の支援員が、卒業したカズキの「オシ」の先輩と
バッタリ会ったときのことを伺いました。
カズキに、新しい「オシ」は現れました？
この前さぁ、全日制の生徒に…
手を振りながら近づいて…
いきなりハイタッチ！
ナンパの仕方が昭和っぽいんだよなぁ…
うーん
あはは
カズキ、サイテー‼

一〇年後のカズキ

全国自立生活センター協議会（ＪＩＬ）という組織がある。障害者権利条約の完全実施に向けて、障害のある人とない人が分け隔てられることなく、誰もが差別されず、ともに生きられる社会を目指すことをビジョンとして掲げ、一九九一年に結成された。二〇二一年、ＪＩＬの全国セミナー事務局から、普通学級で共に過ごした日々について、カズキと元クラスメイト、担任の先生からぜひ話しを聞かせてもらいたいという依頼を受けた。

中学時代のクラスメイト四人と、中学校の担任だった曽我部昌広先生がその話を快く引き受けてくれた。オンラインセミナーは、ＪＩＬの司会者から、先生や子どもたちがインタビューを受ける形式で行われた。

――初めてカズキくんと同じクラスになったときの印象は？

先生　小学校からの引継ぎでカズキのことは聞いていたが、本人と接してみないとわからないという思いがあった。決めつけたり思い込むことはやめ、お互いに理解し合うよう努めました。

クラスメイト　初めは好印象を持てなかったけれど、いっしょにいるうちにカズはクラスを楽しくしていることに気付き、好きになっていきました。

クラスメイト　幼稚園からカズといっしょの子が何人かいて、その子たちが普通に接しているのを見て大丈夫なんだと思い、話しかけるようになりました。

――障害のある子が普通学級で楽しく過ごすために、何が必要だと思う？

クラスメイト　話して、かかわって、理解する。障害があるからという思い込みや偏見を捨てる。クラス全体が笑顔になると、カズも安心して過ごせると思う。先生がクラスでよくカズのことを楽しく話題にしたことで、理解していった。

先生　カズの行動をおもしろい、楽しい、と受け止めること。教員が困ると生徒も困る。クラスだけでなく全校集会などでいろんなエピソードを話し、理解者を増やす。

――障害のある子が普通学級を選択すると「迷惑だ」と叩かれる現実がある。それについてどう思う？

クラスメイト　かかわれば楽しいのに、もったいない。私はカズと友だちで良かったと思っている。勉強がはかどらずつらいときに、カズの動画を観て心を癒している。

――一〇年後、カズキくんは何をしていると思う？

先生・クラスメイト　「世界に羽ばたくモデル」「画家」「プログラマー」「デザイナー」「コンビニの店員」。

この最後の質問については意図があった。それは「カズキは将来、障害者施設で暮らしていると思う」と答える人がいるかを確かめるためだったという。誰もそう答えなかったということは、カズキとともにすごした子どもたちは、カズキも今後、自分たちと同じ社会で生きていくことを当然とする感覚を持っている、ということだ。ちなみにクラスメイトのHさんが「コンビニの店員」と言った理由をたずねると、「いつでも会えるところに居て欲しい。街の人たちにカズのことを知ってほしいという願いもある」という答えだった。

幼いころからいつもいっしょにいると、「いっしょに生きるのは当たり前」という感覚が育つ。そのことを、改めて確信した機会だった。「偏見を持たないで、知ってほしい！　楽しいよ！」という子どもたちの社会に対するメッセージと、カズキへのあたたかな気持ちをたくさん受け取った、大変うれしい時間だった。

カッコつけて逃げた!?
普段、水分を取りたがらないカズキ。
カズ～水分とれよ～
暑くなってきたので心配です。
嫌そうに一口だけ飲んでは
ゴクン
水筒を出したり、片付けたりしていた時に…
クラスメイトから
カズ、水分はちゃんととった方がいいよ！
トイレに行ってきます。
きりっ
ごまかして逃げた！普段と言い方が全然違うし！
いつもは「シッコする！」だろ？
プッ

普通の高校生活

カズキ高二の夏休みが終わった。久々の登校の日、支援員から「カズキの目はずーっとニコニコと垂れ下がり、学校が相当楽しみだったことが手に取るように分かった」と報告を受けた。

近頃のカズキは登校したら、二階の自分の教室に近い廊下で、窓辺にたたずむ。そこから外を見ると、登校してくる生徒たちが生徒玄関から入る様子がよく見える。カズキは「せんぱい、せんぱい、おはようございまーす」と蚊の鳴くような声で呟きながら、手を小さく振っているという。支援員は「風通しがいいのでカズキが好きな場所だと思う」とおっしゃるが、カズキは〃オシの先輩〃が登校してくる姿を見たいがために、そこにいるのだと私は秘かに思っている。

授業中、カズキは気分によってプリントに取り組むことを嫌がることがあるようで、その都度支援員さんが声掛けの仕方を工夫し、あの手この手でかかわってくださっている。それでも、カズキが駄々をこねて大声を出したり、マスクをわざと外すような仕草をしたときは、支援員さんとバトルが繰り広げられることもあるようだ。そんな様々なご苦労をかけているにもかかわらず、「まぁ、元気に登校してくれることが何よりです」と言う支援員さん。また担任は、「特にお母さんに報告するような〝問題〟はありません。無遅刻無欠席は、スゴイです。先日の英語の時間、ちょっとした促しで、初めて黒板の文字を書き写しましたよ！」と喜んで報告をくれる。カズキを取り巻く先生たちや周りの生徒たちに、じわじわと感謝が湧く。それは、今のこの世の中で、カズキのような重度の知的障害と自閉症を持つ子どもが、同世代の仲間と共に普通に「高校生」を経験できているのは、「特別」なことだからだ。

保育士を目指すカズキの姉は、短大一年生の夏、カズキもお世話になった幼稚園へ保育実習に通った。そこで担当した一～二歳児の中には、発達が心配な子どもから、年齢以上のしっかりさんもいる。さまざまな発達状況の子どもが一緒に過ごし、みんなと一緒の動きができない子の手を引く、しっかりさんがいたり、自分で食べられない子の口にご飯を運ぼうとする子もいる。オムツを取り換える時間に、自分より小さい子のためにオムツを持ってくる子もいる。大人の指示がなくても、必要に応じていろんなことを察して行動する幼児たちに、娘は驚き私に報告をする。「子どもにとって年齢も障害も関係ない。それぞれの子の特性をすべて受け入れて、それに応じて動くのが子どもだと思う。このくらいの年齢からいろんな子どもがごっちゃになって過ごすと、みんなで助け合うことが当たり前になり、その世界がずっと続くのだろうと思う」――現場で小さな子どもと触れ合ってきた娘の率直な感想には、リアリティがある。

ある障害を持つ子のお母さんが言った、「人の共生はいつから始まるのか？　生まれたときからなのではないか？」という言葉を思い出す。カズキが普通高校で過ごすことが、「特別」なことではなくなる日が来るのは、娘のような気づきを得る人が増えたときなのだろう。

授業中の報告から

授業中、主に各教科担当の先生からの課題プリントに取り組む。
※実際のプリントです。
生産
人間
ガス
割合
read
リード
eat
イート
bring
ブリング
give
「もう一枚、頑張ろうか？」という意味で
おかわりは？
…とカズキに促すユニークな支援員。
ある日、カズキが何枚か取り組んだあと、支援員が…
カズ、おかわりは？
はいっ
…というと、カズキは
キレ気味に…
ごちそうさまでした！
…と応えたらしい。

「カズにもトライさせたい」

各教科担任によるさまざまな工夫・配慮を受け、支援員の助けを得つつみんなと共に授業を受けているカズキ。自分から学校生活の報告ができないので、下校の迎えのときに支援員や担任から話をうかがったり、持ち帰ってくるプリントを見て授業中の取り組みを想像している。

最近の報告では——体育でのフットサルでは、クラスメイトからパスをもらい、ゴールを決めた。スケートの授業では、なかなかのスピードで滑ることができるらしく、誇らしげに一人で休まず滑った。座学の授業では「大学受験をするのか？」と思うほどの集中した態度で課題に取り組む日もあれば、眠い・疲れた・暴れたい・勉強したい、という四人がカズキの身体の中で闘ってみえる日もあるという。ふざけた態度が行き過ぎたとき、支援員が「やる気がないならお母さんに迎えに来てもらうよ？」とポケットから電話を取ろうとする素振りを見せると、「勉強します」と言って、慌てて課題に戻る、といったやり取りもあるようだ。

どう対応しても、カズキのイライラを収めることが難しいこともあるという。支援員も担任も「カズキは何かを訴えたくて必死なのだろうけれど、わかってあげられない。でもまぁ、こういう日もあるんだと受け止めて、明日からまた頑張ります」と言って私をホッとさせてくれた。困ったことがありながらも、いつでもカズキの立場になって思いを推し量ろうとする先生たちには、本当に頭が下がる。

先日、担任から「家庭科の授業で調理実習をしますが、カズキは包丁を持ったことがありますか」という質問の電話があった。家ではここ数年、調理をさせたことがないため、利用している児童デイサービスにうかがってみた。職員さんは「調理には積極的です。カズが真似できるように、職員がやり方を見せてから取り組ませると、ピーラーも包丁も慎重に扱うことができました」という報告だった。そのまま担任に伝えると、「デイサービスでの様子をうかがって、カズもほかのクラスメイトと同様にトライさせたいと、今私の気持ちが変わりました。私は心配性で、なるべく無難な方法を取りたいと思っていました。みんなと行動や態度が違うからといって、この子は障害があるからと見るのではなく、それを個性・パーソナリティと見ていくべきではないか。良い行いはほめ、間違いは正す。何も案ずることはないのだ、と今更ながら大事なことに気づきました。考え方が間違っていましたら、改めます」というメッセージをくださった。

これぞ、生きるチカラ

支援員さんはこの頃《ごろ》悩んでいた。
うーん
カズキが、自分を頼りすぎであることを…
僕がいなくなったらどうなるだろう…
実験だ！
お腹痛いから、トイレに行ってくる〜
カズキは近くを通ったクラスメイトを捕まえ
いい感じじゃん♡
5+2=7だから…

街の中の恐竜

カズキは普通高校定時制の三年生になった。七月には（新型コロナウイルス感染症の影響があったため）、カズキにとって初めての学校祭があった。前夜祭では、定時制独自でボーリング大会が行われた。高校のホームページで、ダブルピースをしたカズキの写真とともに「三年の平田君が二回連続で一位になりました」と紹介されている。前の年の一一月に行われた大会では、一ゲームで一七〇点をとって堂々たる一位となり、それに引き続きの結果となった。唯一（？）支援なしでプレーできる競技で、この成績はとてもうれしい。

学校祭の展示物として、カズキは粘土で恐竜をつくっている、ということのみ先生からうかがっていた。当日、見学に行くと「粘土細工の家」という題名で、定時制生徒全員で、大きなひとつの街が展示されており、街の真ん中に「これがカズキ作の恐竜かな？」と思われるものが置かれていた。異質だけどその街に溶け込んでおり、恐竜がまるで定時制に在籍するカズキそのものに見え、なんだかほっこりした気持ちになった。

　この日、カズキは校内のさまざまなアトラクションを巡り、楽しんだ様子を支援員さんの報告で知った。非常に暑い日だったが、カズキは長い行列に並んで買った大人気のクレープを堪能。写真部の展示室では写真撮影の体験コーナーがあり、支援員さんが撮った写真には、躍動感のあるチアガールたちの写真（写真部員の作品）の横でダブルピースしているカズキが映っていた。「カズキがこの場所を選んだんですよ」と支援員さんは笑いをこらえて私に話してくれた。普段の学校生活でもそうだが、支援員さんがカズキを「改善」のまなざしでは見るのではなく、カズキとのかかわりを「楽しんで」くださっていることが、とてもうれしい。

　学校の外では、久しぶりにカズキの中学時代のクラスメイト五人が我が家に遊びに来た。その数日前から、カズキは「はなちゃん、マル！」「たにぐちくん、マル！」「そまめ（曽我部）せんせい、マル！」と私に訴えており、心から楽しみだという気持ちが伝わってきた。当日は、みんなでカレーやおやつを食べ、ワイワイとおしゃべりをして過ごし、カズキもその中にいる……という以前と変わらない関係がそこにあった。「彼氏ができた！」とうれしそうに話す子がいたので私が「カズキ、やきもちやくわ～」と言うと、「彼氏は結婚しない限りいつかはいなくなるけど、カズは一生の仲ですから！」と言ってくれた。カズキはなんて幸せ者なのだろうと素直に思う。

パソコンの授業中

高校の修学旅行

高三の一二月、三泊四日の修学旅行があった。行き先は広島・大阪・奈良方面。その三年前にカズキと参加した、あるインクルーシブ教育集会の開催が広島だったので、カズキにとっては広島も飛行機に乗るのも、二回目の経験だ。一年ほど前から「シュウガクゴコロ（修学旅行）、ヒロシマ、マル！」とほぼ毎日言い続けてきたカズキ。前回は、電車や飛行機など乗り物を楽しんでいた様子もあり、相当楽しみにしていることが手に取るように分かった。

広島では原爆ドーム、厳島神社へ。京都、奈良では清水寺・金閣寺・東大寺と、修学旅行は主に日本の歴史を学ぶプログラムのようだった。旅行中、担任のM先生からカズキが元気に旅行を楽しんでいる様子を何度か報告くださっていた。

良かった、良かった——と安心しきっていた最終日の朝のこと。M先生から電話が入り、カズキが朝から三八度を超える発熱をしており、大阪城見学をあきらめてホテルで様子を見ていたが、解熱する気配がないので迎えに来てほしい……という衝撃的な内容だった。この旅行の説明会で、「発熱の際は迎えに来てもらいます。

その交通費を保障する保険に入りますので」と説明を受けてはいた。それに対して「カズキは一〇月にコロナに感染したばかりだし、カズキに限ってはあり得ない話だ」と鼻で笑いながら聞いていたことを思い出しつつ、訪れたこともない、何泊になるかもわからない「大阪弾丸ツアー」へ出発。大阪の伊丹空港に着き、どこで降りるかもわからないままリムジンバスに乗り（笑）、なんとかカズキのいるホテルに到着すると、すっかり夜になっていた。くぼんだ目をしたカズキが「M先生、マル。センパイ（クラスメイトをこう呼ぶ）、マル……」と私に訴える様子から、みんなと一緒に帰りたかったのに……というカズキの無念さが伝わった。そのタイミングで、M先生から「カズ〜、ごめんね〜。一緒に旭川に帰れなくて悔しいです。元気になって学校で会えることを楽しみにしています。お母さんもお疲れ様でした」と、残念そうなM先生のお顔が映るビデオレターが届いた。あたたかいM先生の心遣いに、私までホッとして涙がにじんだ。カズキが普段から「M先生、マル！」という理由がよくわかった。

大阪の病院での検査ではコロナもインフルエンザも陰性で、二日後に熱も下がった。旭川に帰る日、いつか絶対にお会いしたいと願っていた、インクルーシブ教育先進地であるこの大阪で、精力的に活動をしているお二人とお会いする機会にも恵まれ、一転、楽しいひとときを過ごすことができた。振り返ると、私にとってもいろんな意味で生涯思い出に残る修学旅行となった。

実は、この旅行の一カ月前頃から、学校でのカズキは言葉遣いも荒く、先生たちへの反抗的な態度が目立ち、いったいどうしたのだろうと先生たちも頭を抱えていた。しかし、旅行後のカズキは見違えるほどの落ち着きを見せ、以前のカズキに戻ったという報告をもらった。支援員さんの見立てでは、旅行を楽しみにするあまりに心がざわつき、それにプレッシャーや緊張も加わり、結果、大きなストレスとなって学校生活に現れたのかもしれない、ということだった。なるほど……。

一八年付き合ってもまだまだ解明できないことも多く、奥深いカズキだなぁと感じた一方、このような人間の複雑さは、障害の有無にかかわらず、誰にでもあるものかもしれないと思った。

高校の卒業証書

二〇二四年の春、カズキは、旭川北高校（定時制）を無事卒業。式は全日制・定時制約二四〇名、合同で挙行された。全日制の生徒に続き、定時制の卒業生が入場。ぴょんぴょんと跳ねるようないつもの独特な歩き方で堂々と入場してきたカズキ。厳《おごそ》かな式典最中、何度も支援員と顔を見合わせ、「シー」と一本指を口の前に立てながらそわそわしている彼。この姿に対する周囲の受け止め方を、〃困ったなぁ〃から〃障害特性なんだからしょうがないじゃん〃に変換するために私たちは活動しているんだなぁと、しみじみ思った時間だった。

式も無事に終了し、卒業生が一組ずつまとまって退場した。全日制の最後の六組の生徒が「全員起立！」という合図で一斉に立ち上がったとき、その隣に座っていたカズキもつられて一緒に思い切り立ち上がり、間違いに気づいてすぐに着席した姿に、笑いをこらえた。高校生活の締めくくりは、そんな彼らしいものだった。そして驚いたのは、その日にもらった「北高定新聞」（卒業文集のようなもの）。そこに「平田君へのメッセージ」というコーナーを見つけた。「間違いなくクラスの雰囲気を明るくしてくれていました。同じクラスで楽しかったです」「いつも癒しをありがとね！」「教室にいるとどこか安心できたのは君のおかげです」――カズキはみんなのように卒業にあたってのメッセージを書くことができないから、というクラスメイトの配慮だったようだ。普段の先生からの報告にもあったが、カズキは四年間、心広く、温かいクラスメイトに囲まれて過ごしてきたことが、十分に伝わるメッセージだった。

障害の重い子は、どんなに定員が空いていても不合格になるケースが全国各地で後を絶たない状況下での、カズキの高校受験。受験時や学校生活を見据えた配慮について、膝を突き合わせていっしょに作り上げてくれた旭川北高校は、受け入れ態勢をできる限り整えていきたいという意気込みでカズキを迎え入れて下さった。

入学時から、「何があっても想定内だと思っていますから」という温かい眼差しと、カズキの事情を自分ごとと捉えながら、ともに過ごしてくれた担任のM先生とクラスメイトのみなさん。授業や評価について、さまざまな工夫を凝らしてくれた各教科担当の先生方、支援員のみなさん。入学から卒業間際まで、泣いたり笑ったり冷や汗をかいたり喜んだり……の四年間だった。かかわって下さった全てのみなさんに対し、言い尽くせない感謝でいっぱいだ。

障害のある子が地域の学校へ行くことが「特別」であり、障害のない生徒だったら「普通」になるのはどうしてか。障害を持っているというだけで、なぜ生きる上で分けられないといけないのか。この重い、重い、カズキの卒業証書を眺めながら考える。

今の「あたりまえ」や「普通」を常に問い直すこと。「普通」に生きづらさを感じる人の声を届け、みんなで語り合えるような地域づくりに貢献すること。そのために努力していくことが、みなさまへの恩に報いる生き方だと改めて思った私だ。

「共生社会、いいね！」の一方……

日本は二〇一四年一月に「障害者の権利に関する条約」（以下：条約）を批准した。この条約は、障害のある人たちが障害特性を理由に差別を受けることなく、好きな場所で暮らし、学んだり働いたりできることを目的としたもの。第二四条の「教育」条項では、障害のある子もない子もともに学ぶ「インクルーシブ教育」の推進が求められている。

二〇二二年八月、国連本部のあるスイス・ジュネーブにて批准後初めての日本政府への「審査」が行われ、ネット上でのリアルタイム傍聴ができた。教育に関して言えば、委員会から、特別支援学校・学級に通う子どもが急増している日本の状況を疑問視する声が相次いだ。それに対する日本政府の回答の一つに、学年が上がるごとに学習への理解が困難になっている等の理由から「保護者が特別支援学校・学級を選んでいる」との報告があった。委員会から「普通学級で必要な配慮が受けられていないのではないか」という指摘もあったが、まさしくその通りである。日本は、保護者が支援学校・支援学級を「選びたくなる」システムになっているのだ。教育委員会や学校から「普通学級を選べます。だけどね、支援者を付けられないかもしれません。いじめられるかもしれません。特別支援学校・学級の方が手厚い学習を提供できて、経済的自立につながる力を伸ばせます」などといった、保護者への不安のあおりや誘導がなされる現実がある。

「共生社会、いいね！」と言いながら、実際に「では、障害者といっしょに過ごしてください」と言われたら「いやいや、現実人手不足だし、お金もないし、社会のそれに対する意識が成熟していないし、無理でしょう」というダブルスタンダードな状況が起こる。社会が共有すべき新しい基準がつくられようとしても、世間の常識によって、はじめからそこにアクセスしようともせずにあきらめてしまうことが多くあるのではないか。

この「勧告」を後ろ盾に、カズキが体験した「ともに学ぶ」ことの「価値」を多くの人々と共有し、この地域が共生社会への一歩を踏み出せるよう、また日本全体の条約履行が加速するよう力を尽くしたい——そう強く思った。

同調圧力

カズキが医師から「自閉症」と診断され、小学校に入るまでの三年間、知的障害児専用の幼稚園に通った。そこで出会った母親たちの間でもっぱら話題になっていたのは、「わが子の就学先はどうしたらよいか」という悩みだった。「オムツが取れていなければ、特別支援学校へ行くべき」「自分の名前が書けたら支援学級でも大丈夫」など、ここを卒園した子どもの「先輩ママさん」によるアドバイスが語り継がれていた。母親たちは、その「アドバイス」をもとに就学先を決めるというほどで、まるで法に示されているかのような強い「世間のルール」となっていた。

子どもとともに小学校生活を体験する「先輩ママさん」たちが感じた小学校の「世間のルール」が、もともとなっていたのだろう。また、障害を持つ子にのみ提供される「多様な学びの場」によっても、強い「世間のルール」が生まれている。それは「なぜ、あなたの子どものために作られた学校・学級があるのにそっちに行かないの？」「普通学校の先生たちに迷惑をかける」「ついていけない授業に入れるなんて、その子がかわいそう」というものだ。これらの「世間のルール」は、障害児の就学先についての相談を受ける行政機関等でも、残念ながら蔓延している。つまり、障害のある子どもの就学先を決めるとき、「本人・保護者の意向を最大限尊重する（学校教育法施行令）」という「法のルール」を前提（＝建前）としつつも、「世間のルール」（＝本音）が根底に流れているのだ。その構図の中で「普通学級」を望む子ども本人は「子どもだから判断できないでしょう」と言われ、保護者は、「この親はエゴが強い」「モンスターペアレント」と言われる。「世間のルール」に抗ってまで、わが子を地域の幼稚園や学校に通わせようとは思えない……。そのような母親たちの思いを幾度となく聞いてきた。

直接相談を受ける行政等の関係機関の方々が、本当は合理的根拠のない「世間のルール」ではなく、人権感覚に基づいて相談にのって下さったら、保護者はどれだけ安心して本音を話せるだろう。そして、本人・保護者がどのような選択をしたとしても「大丈夫だよ！」と言える環境をつくっていくことについて、先進都市をお手本にしながら関係機関の皆さんとともに対話をもって考えていくこと——それが差し迫って大切な課題と受け止めている。

高校の卒業証書を持って
笑顔のカズキ。
2024年3月。

元クラスメイトとお泊まり会。
2023年8月。

中学校の担任とクラスメイトの思い出トーク

曽我部先生　タイガと谷口が初めてカズの家に遊びに行った日、カズのお母さんから喜びの連絡が来た。翌日の朝の会で自分が二人に「カズと遊んでくれたんだってね」と言ったとき、谷口が「遊んであげたんじゃない。遊びたかったから行った」と怒ったよね。自分が障害者に対して上から目線だったことに気付いたセリフでした。

さあやさん　体調が悪くて保健室にいたとき、一度も保健室を訪れたことのないカズが、私のところに来てくれました。カズとの大切な思い出です。

谷口さん　カズとタイガと三人で銭湯に行ったことがありました。カズは学校でよくポーズをとっていたので、「ポーズ決めてから風呂に入るか！」ということに。カズが満足するまで、三人素っ裸で何度もポーズをとってから風呂に入りました（笑）。

安部さん　子どもは大人の行動から学ぶ。曽我部先生が、カズも同じ生徒として対応しているのを見ていたから、みんなもカズを特別視しなかったと思います。

みゆなさん　高校の授業でインクルーシブ教育についての討論の場がありました。「私の兄は、特別支援学校へ行って「まともになった」から、ともに学ぶことには反対」と言った生徒がいました。「まともって何?!」と腹が立ち、そのことで激論を交わして仲が悪くなりましたが、その子に悪気はないんです。私たちのように、カズとともに学び過ごした素敵な体験がないから仕方がないと思いました。

タイガさん　街の中で障害者を見かけても、いろんな人がいてあたりまえで、それが普通と思える。カズといっしょに生活できたことは、自分にとって大きなことでした。

曽我部先生　街の中で障害者を見かけても、いろんな人がいてあたりまえで、それが普通と思える。カズといっしょに生活できたことは、自分にとって大きなことでした。

安部さん　カズと一緒に過ごす体験ができて、どんな人でも一緒に過ごすことは「普通」という感性になれた。インクルーシブ教育を若い世代にも広く伝えていくのがいいと思います。

谷口さん　このイベント（＊）がきっかけで、少しでもまわりに変化が起き、「差別」という言葉が「知ること」でなくなっていけばいいと願っています。

さあやさん　カズと幼稚園からいっしょにいて知ったのは、カズはきちんと話を聞いているし、わかっているということ。かかわらないとわからない！

みゆなさん　カズと過ごした時間は貴重だったのだけど、貴重な時間ではなくて、みんなにとってあたりまえな時間にしていかないといけない。カズと過ごしてきた私たちが、楽しい時間だった、ずっと友だちでいたいと言っているのだから、それを信じて〔引用者注・障害児も普通学級で一緒に学ぶことを〕一回やってみてほしい！

＊ガベちゃん先生と自閉症カズキとその仲間たちのプチ同窓会」トークより。
「あさひかわインクルーシブアクション二〇二三」（二〇二三年一一月開催）

カズは大切な友だち ～元クラスメイトから

カズは、大切な友だちです。障害者として見ることはありません。カズはイケメンで、優しくて、おもしろい友だちです。私は特に、カズの周りに流されないところを尊敬しています。インクルーシブ教育は、障害のある子ない子にかかわらず、お互いに有益だったことを学びました。例えば、普段はチャラチャラしていて、優しさが見えない子でも、カズと接している場面を周りの子どもや先生方が見て、「こんな一面があるんだ」と良い所が見えることがありました。そして、さらにクラスの雰囲気は温かくなっていきました。

大学受験の面接対策で、インクルーシブ教育のデメリットを調べました。思い返してみましたが、思いつかず、インターネットで調べると、いじめの可能性が上がる、教師に負担がかかる、クラスの成績が下がるなどと書いてありました。でも、いじめはなくむしろ温かいクラスになったし、成績は上がっていたので、「デメリットはありません」と答えるようにしていました。しかし、それはカズだったからかもしれない、という思いと、もうひとつ、私や他のみんなが、小さい頃から一緒にいたからかもしれない、とも思いました。多くの子どもたちが小さい頃から、障害のある子など、いろいろな子どもとかかわることが大事だと思っています。インクルーシブ教育に賛成する人、しない人など様々な考えを持っている人がいると思いますが、これからは自分と反対の意見を否定するのではなく、相手の意見を受け止めた上で、どうしていくのかを大事にしていきます。

私は、互いの特性や個性を尊重できる子どもを育むことができる小学校教師を目指しています。クラスに人工呼吸器を利用している子どもや、授業中声を出してしまったり、走ってしまったりする子ども、暴力的な子ども、LGBTQの子ども、国籍の違う子ども、不登校の子ども、もちろん障害をもっている子どもなど、様々な特別なニーズを持つ子どもが一緒にいてあたりまえ、みんなが安心できるクラスを作りたいと考えています。そのために必要な知識や正確な対応を学ぶために、今は教育大学で学んでいます。そして、大学生に向けた交流会や講演会を開き、私が経験したインクルーシブ教育を一つの成功例として、参考にしてもらえばと考えています。

（狩野はな・北海道教育大学釧路校二年）

解説　隔離と排除からインクルーシブ教育へ

小国喜弘

平田カズキさんの中学校での体験は、特別な予算がなくても、特別な学校改革を行わなくても、特別な専門性を教師がもっていなくても、インクルーシブ教育が実現可能であることを示している。そして、インクルーシブ教育の実現が、すべての子どもにとっての安全・安心な学校づくりとなり、すべての子どもにとっての貴重な学びの機会を保障することにつながることも示唆している。

にもかかわらず、多くの教育関係者は、予算をつけて教師や支援員が増えないと、学校組織に特別な工夫をしないと、担当する教師に特別な知識と技量がないと、インクルーシブ教育の実現は不可能だと論じてきた。インクルーシブ教育の意義は多くの教師が認めるのに、同じ口で教師たちはその実現が不可能だというのだ。平田カズキさんの事例は、このような教育関係者の言動がいかに笑止すべき議論かを鮮やかに示している。

国連・ユネスコは、インクルーシブ教育の利点について議論することは奴隷制の廃止やアパルトヘイトの廃止の利点を論じることと同じくらいおかしいと断言する。

確かに、「奴隷制を廃止したほうが、社会はより安全になるでしょうか、GDPは増えるでしょうか」という発言をしたとしたら、それは発言者の差別意識を示唆するものでしかないことは多くの読者は納得されるだろう。

実は日本の過去の歴史にも似たような出来事があった。第二次世界大戦の敗戦前の日本は基本的に男女別学だった。それがアメリカ占領軍の主導する教育改革の中で男女共学となったのだ。当時の新聞を見ると、「男子学生を女子学生と一緒にすると男子学生の成績が下がる」といった男女共学を真剣に憂慮する多くの声に出合う。今から見ると紛れもなく女性差別で、もはやそんな性差別的発言をする人は日本にはいない。しかし、ひとたび「障害児」の問題となるとどうだろう。「障害児」と「健常児」がともに学ぶと、「健常児」の学力が下がるのではないかという議論は今日でも正式な場で堂々と発言されてしまうというのが日本の学校現場のお寒い現状だ。

そもそも人は「障害児」として、あるいは「健常児」として生まれる訳ではない。

それを分けているのは人為的な制度だ。本来、多様な人々が協働して生きていくための原体験をすべき学校教育において、「障害児」だから、「健常児」だからと分けること自体が差別であると国連・障害者権利委員会は、二〇二二年に日本政府に対して勧告した。しかし、文部科学省がその勧告を聞き入れようとする気配は一向に見られない。国連によって「特別隔離教育」と指弾された教育制度の差別性をどのように糊塗《こと》し、その制度の永続化を図るかに余念がない。

平田カズキさんの事例が示しているのは、国際的にはよく知られた事実でしかない。「障害児」「健常児」がともに学ぶことを含め、多様な子どもたちが教室の中で一緒に生きているからこそ、安心して学び、生きる喜びをともに味わうことができる。なぜなら、排除されるかもしれないという危惧こそが、子どもたちを不安に駆り立てるからだ。インクルージョンは結果的に、多くの学びを生み出す環境を子どもたちに保障することにもつながる。

「障害児」とされる子どもも、周りの「健常児」とされる子どもたちも、一緒にいるからこそ人間として不可欠な学びを得ることができる。一言でいえば、それは人としての権利や尊厳を学ぶ学習だ。自らの権利や尊厳を守るためには、他者の権利や尊厳を尊重し得る自己にならなくてはならない。そのことを学ぶ場として、インクルーシブな環境は不可欠なのだ。

インクルーシブな教育環境を実現するために必要なのは、予算でも教育改革でも専門的技能でもないと先に書いた。曽我部先生の場合、カズキさんを含め、ひとりひとりの子どもをよく観察すること、その子の魅力を自分なりに感じ取ろうとすること、そしてその魅力をクラスの他の友達に紹介すること、という、ある意味、人としてごくごく当たり前の取り組みだった。その、人としての当たり前の取り組みが欠けているのが現代の学校なのだろう。

皮肉なのは、このような曽我部実践を可能にしたのは、曽我部先生が日本で流通している特別支援教育の知識を欠いていたからだという点だろう。日本の特別支援教育学では、障害種別と程度によって、その子に対応すべきマニュアルがあることを強調し、そのマニュアルを知ることこそがインクルーシブ教育を実現するための基盤だと強調してきた。しかし同じ自閉症でも、自閉症のAちゃんと自閉症のBちゃんは全く別の人間で、全く別の関心を持っている。特別支援教育学が強調する障害種別ごとの知識が、ひとりひとりの子どもに先入見なしに寄り添うことを困難にしてしまうのだ。また、障害種別ごとの知識が、「○○ができない」とか「○○が困難」といった、その子の負の側面にどちらかというと焦点をあてているのも問題だ。その子の魅力はどこかを探り当てようとする思考を、特別支援教育学の知識が妨げてしまうからだ。

平田カズキさんが体験したことは、いわばコロンブスの卵だ。学校におけるインクルーシブな環境の実現は、至難事とされているが、曽我部実践を知ってしまえば、だれにでも、明日からでも実現し得ることだ。繰り返すが、重要なのは、予算でも大規模な改革でも専門性でもない。ひとりひとりの教師が、ひとりひとりの生徒に対する人間としての関心を取り戻すことなのだ。付け加えれば、その人間としての当たり前の関心が教師に欠如しているのは、彼らの非人間性の問題ではない。教育制度や社会慣習が、教師からそのような関心を奪っていることを、人々が自覚することが必要なのだ。

（東京大学大学院教授、同バリアフリー教育開発研究センター・副センター長）

おわりに

「こ、これ、これだ！」……私は鼻息を荒くしながら、夢中でその新聞記事を切り抜いた。二〇一一年も明け、息子・カズキの小学校入学を間近に控えていたときだった。

「イタリアは国の施策として障害児専用の施設は作らず、障害児もみんな普通学級で必要な支援を受けながら学ぶ」「(日本も)全ての子どもが地域の学校に籍を置き、その上で必要な支援も受けられる教育制度に変えるべき」と語る一木玲子さん(現在は東洋大学客員研究員)の記事だった。

この時初めて知った〝インクルーシブ教育〟というワードを目の当たりにして、深い共感とともに、心のどこかに潜んでいた違和感がふつふつと沸き上がってきた。「なぜ、障害のある子の親だけが、就学の時にこんなに悩み苦しまないといけないのか。地域の学校が、どのような子どもでも入学を歓迎するシステムになっていないことこそが、大きな問題ではないか」と。

あれから約一四年、現在の就学相談時の様子をうかがうと、教育行政の対応は何一つ変わっていない。それに対して、子どもたちの置かれている状況は大きく変わった。まず、子どもの数が減っているにもかかわらず特別支援学校・学級に在籍する子の数が膨れ上がった。また、「不登校児の数」「いじめの認知件数」「子どもの自殺者数」が増加している事実も周知の通りだ。変わらない教育行政と分離のシステムが、ますます子どもたちを追い込んでいるように見える。

学校から配布されたプリントを見て、驚いたことがある。「休み時間が来たら、次の授業の準備をしてから席を立つ」「『ごちそうさま』のあと三秒後に席を立つ」といった細かい決まり（「学校スタンダード」と呼ばれるルールのこと）が指示され、画一的な「子どものあるべき像」に子どもをはめ込もうとするようにしか、私には受け止められなかった。この指向では、はみ出す子、取り残される子が続出し、生きづらさを抱える子どもが増えるのは、当然だと思う。

カズキは、どんなルールがあろうとも関係なく、はみ出しっぱなしであった。そんなカズキといっしょに学び活動するために、どう折り合いをつけていくかといった知恵を出し合う必要があった。カズキの友だちの言う「あたたかいクラスになった」のは、ルールの変更によって生まれる教室内の「ゆるさ」と、創意工夫（＝変更・調整）のためにみんなで話し合うことを積み重ねる中で、「相手の事情を知ろうとする能力（エンパシー）」が育まれていったからだと、私は思っている。

ここに、持続可能性と明るい未来を感じるのだ。多様な人とともに過ごす体験は、共生社会を実現するための大事な基盤になると、信じている。カズキの友だちが言うように、「一度やってみて！」――私もそう言いたい。

当事者、保護者、同じ志を持つ方々と共に、まずは「あたりまえを問い直す」対話からはじめませんか？　きっとそこでできていく「地域オリジナル」のフルインクルーシブスタイルは、誰もが住みやすく、生きやすい町になると信じて、私もさまざまな場面で、このカズキの普通学級ライフを伝え続けている。本書が、そんな「誰一人取り残さない教室」をめざして行動する方々の後押しや一つのきっかけとなることを願う。

本書は、二〇一六年三月～二〇二四年三月、地元紙「あさひかわ新聞」（北のまち新聞社発行）に九四回にわたって連載した「みんないっしょがいい　全ての子どもが地域の学校に」の原稿を元に再編集した。私たちの思いに賛同し、連載執筆の機会を与えてくださった記者の佐久間和久さん。その文章に八年間、欠かさず添削・アドバイスをくださった高校時代の恩師・光岡慎二さん。お陰で自信を持って世の中に発信することができた。書籍として出版するにあたり、最後まで丁寧に向き合い、誠実にご対応くださったミツイパブリッシングの中野葉子さん。すべてにおいての伴走者・永《はるか》さん。家族。そしてカズキ。

私を支えてくれているすべての方々へ、心からの感謝を込めて。

二〇二四年八月一〇日

平田江津子

平田江津子（ひらた・えつこ）
1973年北海道広尾郡大樹町生まれ。1男3女の母。市民団体「障害児も地域の普通学級へ・道北ネット」事務局長。同団体代表である夫の平田永と二人三脚で、障害のある子もない子も同じ場で学ぶインクルーシブ教育の普及をめざしている。北海道旭川市在住。

カズキはクラスの太陽だ！

重度知的障害＋自閉症児の普通学級ライフ

2024年10月6日　第1刷発行

著者　平田江津子

装丁　三井ヤスシ
発行者　中野葉子
発行所　ミツイパブリッシング
〒078-8237 北海道旭川市豊岡7条4丁目4-8
トヨオカ7・4ビル　3F-1
電話 050-3566-8445
E-mail: hope@mitsui-creative.com
http://www.mitsui-publishing.com

印刷・製本　モリモト印刷

ISBN 978-4-907364-38-0